优秀班主任发展与支持系统丛书
主编 齐学红

学生发展指导

金晶 沈磊 著

南京师范大学出版社

图书在版编目(CIP)数据

学生发展指导 / 金晶，沈磊著. －－ 南京：南京师范大学出版社，2025.5. －－（优秀班主任发展与支持系统丛书 / 齐学红主编）. －－ ISBN 978 － 7 － 5651 － 6606 － 8

Ⅰ. G41

中国国家版本馆 CIP 数据核字第 2024Z02030 号

丛 书 名	优秀班主任发展与支持系统丛书
丛书主编	齐学红
书 　 名	学生发展指导
作 　 者	金 晶 沈 磊
丛书策划	王 涛 尹 引
责任编辑	尹 引
出版发行	南京师范大学出版社
地 　 址	江苏省南京市玄武区后宰门西村 9 号（邮编：210016）
电 　 话	（025）83598919（总编办） 83532185（客户服务部） 83375685（区域渠道部）
网 　 址	http://press.njnu.edu.cn
电子信箱	nspzbb@njnu.edu.cn
排 　 版	南京私书坊文化传播有限公司
印 　 刷	南京新世纪联盟印务有限公司
开 　 本	889 mm×1240 mm 1/32
印 　 张	8
字 　 数	194 千
版 　 次	2025 年 5 月第 1 版
印 　 次	2025 年 5 月第 1 次印刷
书 　 号	ISBN 978 － 7 － 5651 － 6606 － 8
定 　 价	68.00 元

出版人 张 鹏

南京师大版图书若有印装问题请与销售商调换

版权所有 侵犯必究

总 序

看见学生，发展学生，成就学生

"优秀班主任发展与支持系统丛书"是我和南京师范大学出版社的编辑团队，面对新时代中国基础教育发展中的新情况、新变化，对于班主任队伍建设提出的新挑战做出的及时回应。南京师范大学教育科学学院拥有国内第一个专门从事班主任研究的学术机构——班主任研究中心，为南京师范大学出版社提供了国内一流的班主任研究团队和丰富的图书出版资源。早在20世纪90年代，双方就合作出版了"21世纪班主任文库"这一具有史料价值的班主任系列著作。随后又出版了班主任专业化理论建设的系列著作：《发展性班级教育系统》《班主任专业基本功》"班主任专业基本功书系"《班华教授教育文集》等，成为中国班主任研究与出版的高地。

"优秀班主任发展与支持系统丛书"是2015年我在国内率先提出的，"构建班主任专业发展的社会支持系统理论"的主动实践，将班主任发展与支持系统的落脚点放在看见学生、发展学生、成就学生这一学生立场上，体现了班主任专业的根本属性和班主任角色的本质内涵。班主任作为儿童生命成长过程中的"重要他人"和精神关怀者，理应成为儿童研究的专家，我们对儿童的关心和了解越深入，越能走进儿童的精神世界，不仅能够从年轻的生命样态中汲取生机活力，更能发挥作为教育者的价值引领作用，这也是教师作为一种职业所独有的意义和价值所在。

这套丛书是践行立德树人的根本任务，也是全员、全过程、全方位育人理念的具体实践。它将教育主体从班主任转向全体教师，从班主任一人负责制到全员导师制，这也是基础教育综合改革中学校组织方式变革的时代呼唤。丛书聚焦全员导师的四项指导任务：学业指导、人际沟通指导、生命健康指导和家庭教育指导，将理念转化为具体的方法策略，按照聚焦问题、剖析原因、结合案例进行方法策略指导，提供学习资源，扩大研究视野的实践逻辑，站在学生的立场，将发展指导转化为学生具体的学习议题。例如《生命健康教育指导》一书，将生命健康指导落细、落实到青少年生活的具体层面：健康生活很重要，养成好习惯，交到真朋友，培养小兴趣，学会管时间等；同时将学校安全教育、心理健康教育、珍爱生命教育融入其中，体现了基于生活、走向生活的教育理念。

该丛书的出版得到了南京师范大学出版社的高度重视和全力支持，可谓集出版社编辑团队、"随园夜话"班主任沙龙团队之力，大家在一起不断研讨，进行思想碰撞，最终达成共识。各分册主编发挥自己的组织协调力和专业领导力，带领自己的团队高效完成编写任务；出版社组建了强大的编辑团队，他们分工负责，积极配合，将丛书编写的理念转化为精美的图书文本，使丛书的编写过程成为愉快的成长之旅！

期待该丛书能为学校德育工作者、广大一线班主任、中学教师提供一份有指导性、可操作性和专业引领性的精神大餐！也希望大家在阅读此书的同时，能够启发、激发您对教育研究、案例撰写的兴趣，将日常工作转化为研究资源，在研究学生、发现学生、发展学生的同时，成就学生、成就自己！

齐学红

2024年11月

目 录

总序 / 001

第一章
思想引导

第一节　思想引导的目标及内容 / 001

　　一、中小学生思想引导的现状 / 001

　　二、中小学生思想引导的目标 / 003

　　三、中小学生思想引导的内容 / 004

第二节　坚定理想和信念 / 005

　　一、增强学生的文化自信 / 005

　　二、规训学生的爱国言行 / 010

　　三、激发学生的爱国热情 / 013

第三节　澄清价值与观念 / 018

　　一、学生要有正确的金钱观 / 018

　　二、学生要有基本的法律意识 / 022

001

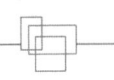

三、学生要有清晰的发展规划 / 026

第四节　修炼道德及品质 / 030

一、学会尊重他人 / 030

二、厉行勤俭节约 / 034

三、积极践行诚信 / 038

第五节　养成良好行为习惯 / 043

一、树立学生的责任担当 / 043

二、建立学生的规则意识 / 049

三、规范学生的环保行为 / 053

第二章

生活指导

第一节　生活指导的目标及内容 / 057

一、学生生活指导的现状 / 057

二、学生生活指导的目标 / 060

三、学生生活指导的内容 / 062

第二节　倡导健康生活 / 065

一、提升生活自理能力 / 065

二、习得良好生活习惯 / 070

三、养成劳动参与意识 / 075

第三节 调整生活状态 / 080

一、培养学生运动的主动性 / 080

二、提升学生健康的审美能力 / 085

三、引导学生积极的偶像崇拜 / 090

第四节 调节人际交往 / 095

一、信任关系有分寸 / 095

二、异性交往有尺度 / 099

三、亲子沟通有技巧 / 103

第五节 关注生命安全 / 108

一、加强自我保护能力 / 109

二、形成安全活动方式 / 113

三、树立积极的生命观 / 118

第三章
心理疏导

第一节 心理疏导的目标及内容 / 124

一、中小学生心理健康现状 / 124

二、中小学生心理疏导目标 / 126

三、中小学生心理疏导内容 / 128

第二节 处理应激事件 / 130

一、构建学生自我认知 / 130

　　二、提升学生抗逆水平 / 135

　　三、调整学生考试心态 / 139

第三节　调和人际冲突 / 143

　　一、融入班集体生活 / 143

　　二、建立合理竞争观 / 149

　　三、融洽师生关系 / 153

第四节　提升网络素养 / 157

　　一、科学规划生涯发展 / 158

　　二、正确使用学习软件 / 163

　　三、积极预防网游依赖 / 168

第五节　关注易感学生 / 172

　　一、正向引导人际敏感学生 / 172

　　二、科学指导压力易感学生 / 177

　　三、积极呵护有诊断学生 / 181

第四章
学业辅导

第一节　学业辅导的目标及内容 / 186

　　一、中小学生学业辅导的价值 / 186

二、中小学生学业辅导的目标 / 187

三、中小学生学业辅导的内容 / 189

第二节　学习动力激发 / 192

一、升学初激发学业兴趣 / 192

二、毕业季强化学业动力 / 197

三、瓶颈期增强学习信念 / 201

第三节　学习方法指导 / 205

一、营造学习氛围 / 206

二、关注"新起点效应" / 211

三、掌握"有效用功" / 216

第四节　学习习惯培养 / 221

一、增强学习主动性 / 221

二、养成良好作业习惯 / 225

三、建立浓厚班级学风 / 230

第五节　学习与生活 / 234

一、协调集体活动与个人学习间的关系 / 234

二、合理安排课余时间 / 237

三、树立科学成才观念 / 241

后记 / 244

第一章

思想引导

青少年是国家的未来和希望,培养德智体美劳全面发展的社会主义建设者和接班人,既是一项长远的战略任务,又是一项紧迫的现实任务。班主任在学生健康成长的过程中扮演着关键的角色,被视为学生健康成长的引领者和人生指导者。做好学生的思想引导工作有利于青少年确立正确的成长方向,尤其是正确的价值取向。

第一节 思想引导的目标及内容

《中共中央国务院关于进一步加强和改进未成年人思想道德建设的若干意见》(以下简称《意见》)中指出,加强和改进未成年人思想道德建设是全党、全社会的共同任务。同时,《意见》也指出了加强和改进未成年人思想道德建设所存在的薄弱环节和面临的严峻挑战。加强青少年思想道德教育对推动教育事业发展和培养一代新人具有重大而深远的意义。

一、中小学生思想引导的现状

目前,学校教育中智育重于德育现象依然存在,部分家长在

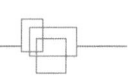

教育子女的观念和方法上仍然存在误区。未成年人思想教育在观念、内容和方法等方面还有许多与时代要求不相适应的地方。

随着社会的发展,未成年人的精神世界得到了极大的丰富,与此同时,一些领域也出现了道德失范的情况,一些不健康思想和生活方式对未成年人造成了不小的影响。全球化和信息化进程的加速给未成年人带来了文化冲突和信息冲击,未成年人在接触大量信息的同时,可能面临着信息真实性难以辨别等情况,导致价值观念的混淆和动摇。

在现代教育体系中,班主任扮演着传授知识的角色,也承担着对学生进行思想引导的重要任务。然而,在实际操作过程中,班主任面临着诸多现实困境。

第一,教育资源不均,教育观念落后。尽管国家在教育领域加大了投入力度,但教育资源不均的问题仍然存在。一些地区和学校的教育资源相对匮乏,难以满足学生思想教育的需求,这导致部分学生在思想教育方面缺乏必要的支持与引导。部分学校和班主任仍然沿用传统的教育观念和方法,忽视学生的个性化需求的满足和创新精神的培养。这种落后的教育观念已经无法满足现代社会的需求,亟须改革与更新。

第二,班主任专业素养不足。虽然教育部门对班主任的培训已经取得了一定的成效,但仍有部分班主任在思想教育方面的专业素养不足。他们缺乏系统的心理学、教育学等理论知识,这使得他们在面对学生的思想问题时,难以采取有效的引导方法,甚至可能产生误导。

第三,学生价值观多元化。随着社会的发展,学生的价值观呈现出多元化趋势。不同家庭背景、文化传统和社会环境导致学生具有不同的价值观念和行为方式,这使得班主任在思想引导时难以统一标准和策略,增加了工作难度。

第四,学生心理健康问题日益严重。随着学习压力、家庭关系等因素的影响,学生的心理健康问题日益突出。部分学生存在焦虑、抑郁等心理问题,这些问题会严重影响他们的学习和生活,也增加了班主任思想引导的难度。

随着社会的不断发展,青少年思想教育所面临的挑战与机遇也在不断变化。多媒体教学、互动式教学等新型教育方式逐渐普及,为学生提供了更加丰富的学习体验,然而如何有效结合传统教育与现代教育方式,仍需进一步探索与实践。而且当前的教育环境复杂,学生思想教育面临着复杂的教育环境。一方面,全球化、网络化带来的信息冲击使得学生的思想观念日益多元化;另一方面,家庭、学校、社会等多方面的因素也在影响着学生的思想发展。这种复杂的教育环境要求班主任具备更高的应变能力和创新意识。

二、中小学生思想引导的目标

《意见》中指出,学生的思想道德建设的主要任务分为以下四个方面。

第一,增强学生的爱国情感,弘扬以爱国主义为核心的伟大民族精神。

第二,从确立远大志向做起,使学生树立正确的理想信念。

第三,规范学生的行为习惯,使学生形成良好的道德品质和文明行为。

第四,从提高基本素质做起,使学生得以全面发展。

根据《意见》的要求和学生实际,思想引导的目标应侧重引导学生确立正确的成长方向,尤其是正确的政治方向和价值取向。

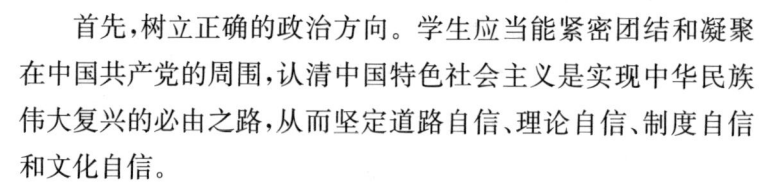

首先,树立正确的政治方向。学生应当能紧密团结和凝聚在中国共产党的周围,认清中国特色社会主义是实现中华民族伟大复兴的必由之路,从而坚定道路自信、理论自信、制度自信和文化自信。

其次,坚持正确的价值取向。引导学生克服拜金主义、享乐主义和极端个人主义,自觉弘扬和践行社会主义核心价值观,正确认识和处理个人利益和集体利益,局部利益和整体利益的关系,将个人理想和中国梦结合起来,坚持正确的价值取向。

再次,把握正确的人生航向。引导学生把握好人生的发展方向,特别是人生关键时期和重大变故时期的方向选择。学生应能够保持积极乐观的人生态度,发扬积极向上的进取精神,正确面对挫折,坚定地向着选择的正确方向前进。

三、中小学生思想引导的内容

根据不断变化发展的学情,结合工作中的常见问题,教师在日常工作中对学生思想的教育引导可以重点关注以下几个方面。

1. 理想信念教育

理想信念是人的志向。通过理想信念教育,班主任培养学生以爱国主义为核心的民族精神,坚定文化自信;帮助学生明白人生的意义和价值,明确自己在社会中的角色和责任;树立远大的理想和目标,激发学生的内在动力,促使他们为实现自己的理想和目标而努力奋斗。

2. 价值观念教育

价值观念教育包括道德观念教育、社会责任感教育。班主任培养学生的社会参与意识,让他们认识到个人行为对社会的影响,并愿意为社会发展作出贡献;公民意识教育,强化学生的公民权利和义务意识，培养他们的民主观念和法治精神；世界观、人生观和价值观教育，引导学生形成正确的世界观、人生观和价值观，帮助他们理解人生的意义和价值，以及个人与社会、自然的关系等。

3. 道德品质修炼

道德品质是指个体在道德行为中所体现出来的稳定特征和倾向，包括尊重他人、践行诚信、尊老爱幼、守护公平正义、厉行勤俭节约等品质。这些品质不仅是个人品德的体现，也是社会文明进步的重要基石。

4. 行为习惯养成

行为习惯是在日常生活中不断积累、逐渐形成并固化的行为模式。通过日常的思想教育引导工作，班主任要帮助学生树立正确的行为习惯观念，提供良好行为习惯的具体指导和支持，反思纠正不良行为习惯，提高责任意识，学会遵守规则，养成健康的生活方式，培养自主管理行为习惯的能力。

第二节　坚定理想和信念

青少年阶段是人生的"拔节孕穗期"，心智逐渐健全，思维日益活跃，需要精心引导和栽培。理想信念教育是育人工作的重点，也是"培养什么样的建设者和接班人"的永恒课题，需要家庭、学校和社会的共同努力。

一、增强学生的文化自信

文化自信是实现思想自主、精神自立、文化自强的基础，也

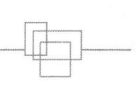

是推动国家和民族发展的最基本、最深层、最持久的力量。无论哪一个国家、哪一个民族，如果不珍惜自己的思想文化，丢掉了思想文化这个灵魂，这个国家、这个民族是立不起来的。因此，班主任要教育引导群众特别是青少年更好地认识和认同中华文明，增强做中国人的志气、骨气和底气。

【情境案例】

五年级学生王同学经常在班级里炫耀家里的条件。一次，他看见同桌在用钢笔练字，就说："你这钢笔不好，我姨妈送给我一支进口的钢笔，写出来的字都不一样。"课间同学们在谈论一部国产新上映的电影，王同学听到了凑上去说："国产电影有什么好看的，进口大片看得才过瘾。"在他的影响下，其他同学也开始跟风。

【案例分析】

案例中的王同学之所以张口闭口都是"国外的好"，还能带动班级同学形成一股风气，背后的原因大致有以下几点。

1. 传统文化教育缺失，文化认同感低

学校教育中，智育重于德育的现象依然存在，加之教育焦虑的席卷，更忽视了文化素养的培育。虽然也有不少学校开设了传统文化的社团，举办了红色文化的相关活动，但这样的文化教育往往是散点式、随机式，有学习无践行，有认识无认同，有概念无内涵，使得优秀传统文化无法根植于青少年的内心。

2. 追求个性，导致多元的需求与选择

处于青春期的学生，正值自我意识蓬勃发展的时期，追求与众不同的个性与新奇。国外的文化与产品也有其优良的价值元素，因此拥有着能够吸引青少年的魅力。

3. 家庭富裕，刺激学生的消费欲

不一定是"国外的月亮比国内的圆"，而且能够买得起国外的进口产品，从而证明自身的富裕程度。如果在家庭生活中，家长更关注商品产自哪里，而不是产品性价比，那么孩子就很容易滋生不良的消费观与价值观。

【方法策略】

1. 打造文化自信的氛围

文化自信的培养不能靠说教、灌输，而要依赖"润物细无声"的营造与渗透。从校园文化建设到班级文化建设，从教学楼宇、校风校训到师生仪表、言语习惯，环境育人的方方面面都可以营造文化自信的氛围。

班级文化建设中，可以从经典古文、经典诗词中选取适合的意象应用到班级文化的班名、班风、班规等处。班级环境中，更是可以布置以优秀传统文化为主题的展示墙面，如传统节日文化、二十四节气文化、红色文化，名人名言也可以勉励学生成人成才。

校园文化建设中，可以留意建筑墙体的展示空间、物化环境的文化营造，也可以在制订学校教育理念、校风校纪等观念建设中融入传统文化精神，还可以在学校管理体制、班级管理方式等理念建设中灵活融入传统文化意识。

2. 拓展文化自信的教育资源

班主任在文化自信的培育过程中，需要联动丰富的教育资源，做体系化、课程化的架构。如学校课程教育、校内外团体活动、社区街道文化课程资源、文化景观课程资源、红色文化实践基地、纪念馆、博物馆等，这些文化资源在中小学文化自信培育过程中具有深刻的教育意义，能够开阔学生视野、陶冶学生情

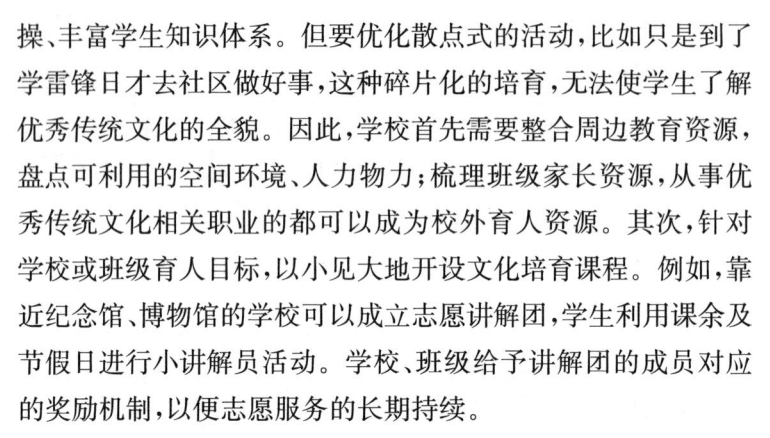

操、丰富学生知识体系。但要优化散点式的活动，比如只是到了学雷锋日才去社区做好事，这种碎片化的培育，无法使学生了解优秀传统文化的全貌。因此，学校首先需要整合周边教育资源，盘点可利用的空间环境、人力物力；梳理班级家长资源，从事优秀传统文化相关职业的都可以成为校外育人资源。其次，针对学校或班级育人目标，以小见大地开设文化培育课程。例如，靠近纪念馆、博物馆的学校可以成立志愿讲解团，学生利用课余及节假日进行小讲解员活动。学校、班级给予讲解团的成员对应的奖励机制，以便志愿服务的长期持续。

3. 激发文化自信的创新活力

《完善中华优秀传统文化教育指导纲要》中明确指出："在中小学德育、语文、历史、艺术、体育等课程标准修订中，增加中华优秀传统文化内容比重。地理、数学、物理、化学、生物等课程，应结合教学环节渗透中华优秀传统文化相关内容。"班主任可以通过跨学科交叉教学，贯通融合不同学科背景下的文化内容，全景展现中华文化的价值意蕴和强大生命力，为青少年增强文化自信提供跨学科认知和创新思维。例如，在《着华美汉服，传华夏文化》系列课程中，教师可以融合美术学科中对于汉服美学的鉴赏、语文学科中对于汉服样貌款式的内涵解读、数学学科中对于汉服图案形状的设计剪裁，全方位地带领学生欣赏汉服之美，更深入地了解汉服的内涵。同时激发学生研究汉服、身着汉服、设计汉服的热情。还可以运用科学技术，丰富跨学科课堂的多样性。比如，可以利用VR技术，为学生构建一个能够打破时空界限的虚拟课堂。将三星堆文物、敦煌壁画、秦兵马俑、长城、《清明上河图》等建筑遗迹或国家宝藏以虚拟形式带进课堂，再现历史遗迹的雄伟壮阔，让学生从中了解艺术创作、人文常识等背景知识，激发学生的创造性思维和想象力。

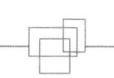

4. 强化文化自信的行为自觉

文化自信的培育，一定需要渗透到学生的主题教育实践活动中，引导他们从"认识"到"认同"，从"知"到"行"，进行文化实践，实现知行合一。

首先，开展"应时"教育实践。结合传统节日、节气，组织学生参与各种主题实践活动。例如，利用班队会，在春节前进行大扫除、剪窗花、贴福字、挂年画；在元宵节灯会上开展联句咏诗、灯谜竞猜活动；在春分节气，开展踏青放风筝、竖蛋挑战等活动。传统习俗活动，既体现了中华民族儿女的勤劳智慧，又充分展示了中华民族自强不息、积极进取的精神面貌。

其次，开展"应地"教育实践。实践活动是学生学习优秀文化的重要环节，也是班级、教师可以借力的教育资源。很多学校都有自己的文化建设特色，比如有些学校以书法为特色，那么适合开展"墨韵流香"的书画展示活动。有些学校特别重视经典诵读，那么就要充分利用学校图书馆资源、读书社等社团，向学生推荐优秀传统文化读物，努力营造浓厚的读书氛围，夯实文化底蕴。

再次，开展"应人"教育实践。教师是文化培育的重要资源。教师的一言一行，就是学生模仿学习的样本。学校里众多学科教师，各有所长，各有所好。挖掘教师资源，利用教师的所长所好，引领学生触摸中华文化，进行文化实践，让耳濡目染成为行为自觉。

【拓展延伸】

鉴"国宝"之经典 树文化之自信

我国古代物质瑰宝、现代科技国宝和英雄精神宝藏都是我们的"国宝"。学习传统制作工艺，了解中华优秀传统文化的精

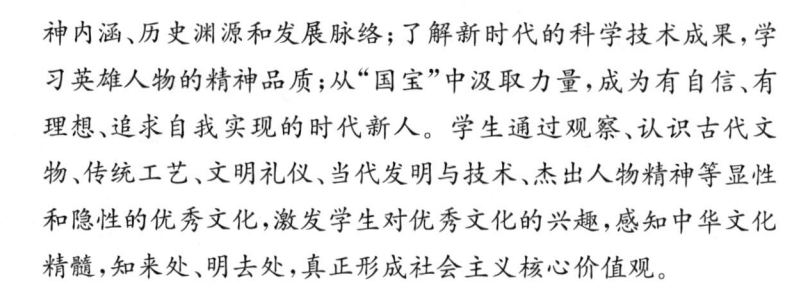

神内涵、历史渊源和发展脉络；了解新时代的科学技术成果，学习英雄人物的精神品质；从"国宝"中汲取力量，成为有自信、有理想、追求自我实现的时代新人。学生通过观察、认识古代文物、传统工艺、文明礼仪、当代发明与技术、杰出人物精神等显性和隐性的优秀文化，激发学生对优秀文化的兴趣，感知中华文化精髓，知来处、明去处，真正形成社会主义核心价值观。

二、规训学生的爱国言行

青少年正处于成长发展的关键时期，加强对青少年的爱国主义教育，有助于他们形成正确的价值观、归属感，对其终身发展有重要的意义。

【情境案例】

午休时间，几位初三的男生站在窗口，看着路边停放的轿车，议论纷纷："有的国家和我们有领土的争端纠纷，动不动就来挑衅，真是可恶！""要我说，就应该抵制他们所有的产品！你们看，还有人买这个国家的汽车，真是不爱国！""对，如果中国都不买他们的东西，他们的经济就会垮掉，到时候他们就没有资本和我们抢岛屿了，我们全家都不买这个国家生产的东西。"

【案例分析】

初中学生出现了非理性的爱国认知和行为，产生该情况的原因大致有以下几个方面。

1. 初中生"爱国"认知的片面性

初中生已经形成了一定的独立思维和批判意识，但是受年龄和阅历的限制，对事物的认识缺乏全面系统性。他们的爱国

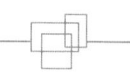

认知会受到各种因素的影响,对热点事件能够积极关注,但是对具体过程却不够了解,容易被带偏,因此学生出现了情境中将"爱国"等同于"排外""买外国货等于不爱国"的非理性认知。

2. 学校"爱国主义教育"的表象性

学校无论在学科教学还是德育管理中都非常重视对学生的爱国主义教育,尤其是爱国情感的激发。例如,在校园营造浓厚的爱国氛围,在重要时间节点开展各式各样生动活泼的爱国主义教育活动,极大增强了学生的民族自豪感和国家认同感。但是,在具体爱国行为的引导上,有时还停留在统一组织的集体性活动,热热闹闹一时。如何在日常生活中将爱国落到实处,则缺乏系统和持续性的指导,尤其是缺少对社会中某些突发、特定事件的引导,从而引发教育的滞后性。

3. 家庭"爱国主义教育"的随意性

家庭是学生成长的第一所学校,家长是学生的第一任老师。实际生活中,部分家庭仍然存在重智轻德的情况,对孩子的爱国主义教育重视不够,缺乏目标。首先,在爱国的教育内容上随意。例如,有的家长观点偏激,在孩子面前想说就说,不顾及对孩子价值观发展的影响,甚至与学校的爱国主义教育内容背道而驰。其次,家长在爱国的行为表现上随意,部分家长对孩子爱国言行的教育脱离了未成年人的生活实际,让孩子无所适从。

【方法策略】

1. 强化学生对爱国的理性认知

第一,了解班级学生对爱国的认知现状。班主任要了解班级中学生的观点是个别现象,还是整体现状。可以开展关于爱国情况的调查问卷,了解学生对我国基本国情、公民基本权利和义务、国家政策制度的知晓情况,为后续的教育做好准备。

第二，加强学生辩证理性思维的培养。世界万物之间相互联系，互相影响，提高学生辩证思维能力有助于学生加深对事物的认识。班主任首先要携手道德与法治教师，利用课堂或者班会课的时间，引导学生了解当前国内外环境，明晰什么是爱国、为什么要爱国、如何正确地爱国等问题。其次，结合具体时政情境，开展讨论辨析，澄清误区。学生作为未成年人，应该坚定国家立场，用批判性态度看待各种复杂的"爱国信息"，警惕极端民族主义引导的非理性行为，理性表达爱国情感。再次，班主任可以每周向学生布置进行一次新闻收集，了解本周国内外发生的重大事件，选择自己感兴趣的新闻撰写评论，发表感想。这一方式不仅有助于培养学生的辩证理性思维，还便于教师了解学生的思想动向，发现潜在的问题，及时引导纠偏。

2. 优化学校爱国教育的内容

第一，让爱国主义教育内容紧跟时代步伐。我们要知道以爱国主义为核心的民族精神在不同时代有不同的内涵，爱国主义教育在新时代也有新的重点。对于新时代的青少年来说，树立理想、勇于担当、努力奋斗才是践行爱国的正确方式。因此，学校不仅可以利用各种纪念日开展红色主题寻访，让学生带着问题前往本地的爱国主义教育基地，感受先辈们的报国志、爱国情，还可以关注当代的劳模工匠，了解他们是如何攻坚克难、在本职工作中践行爱国的，这些都为青少年树立了榜样。班主任可以调动家长资源，邀请家长走进课堂，讲述自己和身边人的"爱国故事"，学生总结归纳他们爱国的共同点，用身边的人物感染学生，传递爱国正能量。

第二，让爱国主义教育内容紧跟学生成长。爱国主义教育应依据学生的年龄阶段、认知水平选择与之相符的内容。针对中学生，他们的理性思考能力逐渐发展，已经不满足于停留在爱

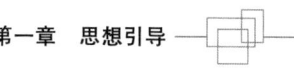

国情感的激发上。在开展爱国主义教育的过程中,学校需要关注民主法制教育、国防和国家安全等内容,提供给他们更多思考的空间,带领他们辩证看待复杂问题。例如,可以邀请专家讲师团通过案例解读的方式讲解学生可能遇到的爱国误区,并进行澄清;以案说法,讲述爱国不理性、不得法,反变成侵犯他人权利的违法案件,引导学生明白遵纪守法、树立国家安全观也是爱国的一种体现。

3. 寻求家庭对爱国主义教育的支持

提高家长对学生爱国主义教育的责任感。学校在开展重大爱国主义教育活动时可以邀请家长进校园,让家长看到爱国主义教育对孩子人格的正向影响;利用国庆节、五四青年节等纪念日,由家长带着孩子走进社会,开展"我与国旗合影""家长说改革变化"等活动,让家长结合自身经历,诉说家乡发展变化,激活青少年对祖国的自豪感和建设国家的使命感。当然,也可以邀请专业的家庭教育指导教师开设专题讲座,向家长传达爱国主义教育的重要性,强调理性爱国并不是可有可无,它对学生性格、人格发展具有重要作用,偏激的观点来源于错误的思维方式,必须加以及时的引导。

提升家长自身的爱国素养。只有家长以身作则,才能对孩子产生正面的影响。首先,家长应该主动自觉规范自身的言行,尤其注意在孩子面前谨慎评论社会的热点话题,避免过激的言谈。其次,班主任需要加强对家长爱国主义教育的指导。以活动为抓手,丰富家庭爱国主义教育的方式,让家长和孩子共同成长。

三、激发学生的爱国热情

爱国情怀体现了人们对自己祖国的深厚感情,反映了个人

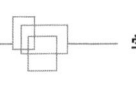

对祖国的依存关系,是人们对自己故土家园、民族和文化的归属感、认同感、尊严感与荣誉感的统一。中小学的爱国教育可以创新活动形式,将红色教育资源与现代教育手段相结合,使活动更加生动、有趣,更能够吸引学生的注意力,从而提高学生的思想觉悟和爱国热情。

【情境案例】

　　进入高二,同学们都感到学习文化课压力很大,时间不够用,但这时候学校政教处要求各班组织开展一次以"弘扬民族精神"为主题的社会实践活动,高二(8)班有不少学生认为学习任务紧、时间不够用,不愿意参加学校安排的统一活动。

【案例分析】

　　学生因文化课学习压力增大而不愿意参加学校组织的红色教育活动,反映了学生对智育与德育关系产生的认知冲突,也反映了学校在组织红色教育活动中面临的实际困难。

　　1. 从学生角度来看

　　学生进入高中后学习压力增大,导致时间紧迫。高中和初中相比,知识容量、知识难度和升学压力都明显提升。高中知识的理论性、抽象性、系统性、综合性大大增强,对学生的能力要求也大大提高;同时,高中生面临更大的升学压力,在这种状态下,面对阶段性考试和高考的焦虑感也会更大。所以,高中生愿意把更多的时间投入日常的课堂学习、完成作业、复习迎考中,不太愿意参加学校安排的学习以外的活动。

　　2. 从学校层面来看

　　首先,学校可能缺乏红色教育的前期宣传和长期熏陶,在日常课堂中老师对红色文化或民族精神的引导讲解有限,而学生成长于缺少挫折的优越环境,对中国红色历史的理解较为单薄,对红色教育的意义难以有共鸣。其次,红色教育形式单一,难以激发学生的兴趣。很多学校的红色教育活动还停留在观看革命题材电影或者参观革命英雄遗迹上,会让学生感到乏味无趣、可有可无,从而缺乏积极参与的意愿和动力。

3. 从家庭层面来看

家长对孩子教育中重物质轻精神、重智育轻德育的现象较为普遍,挤兑了家庭教育红色文化基因传承的空间。父母给予物质满足,孩子缺乏崇高理想和坚定信念;父母事无巨细包办,孩子无法领会独立自主,贯彻艰苦朴素的精神;父母高度重视成绩,孩子缺少锻炼机会和责任担当意识……日常生活中,我们常常可以听到家长对孩子说"什么事都不用你管,你只要用功读书,考上好大学就行"……潜移默化中向孩子传递了学习以外的事都不太重要的讯号,久而久之,学生就"两耳不闻窗外事,一心只读圣贤书",对于红色教育活动没有思想上的认同,也难有行动上的支持。

【方法策略】

1. 引导学生认识红色教育的重要性

第一,红色教育之于理想信念教育的意义重大。《中小学德育工作指南》中明确提出"理想信念教育",并要求"加强中国历史特别是近现代史教育、革命文化教育、中国特色社会主义宣传教育、中国梦主题宣传教育、时事政策教育,引导学生深入了解中国革命史、中国共产党党史、改革开放史和社会主义发展史,继承革命传统,传承红色基因……不断树立为共产主义远大理想和中国特色社会主义共同理想而奋斗的信念和信心"。学生觉得学习压力大、时间紧、任务重,他们争分夺秒努力学习的意义

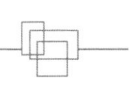

是为了提升个人素养和竞争实力,为未来事业和梦想奠定基础。其实个人的前途命运与国家的前途命运紧密相连,并行不悖,如果没有以爱国主义为核心的民族精神和以改革创新为核心的时代精神在青少年身上的延续,就难以实现个人理想和自我追求。

第二,引导学生积极参加多元活动,促进其全面发展。教育强调"德、智、体、美、劳"五育并举,它们相互依存、相互促进,共同构成一个有机的整体,旨在培养具有高尚品德、丰富知识、强健体魄、审美能力和劳动技能的社会主义建设者和接班人。学生应当统筹安排好个人时间,积极参加此次"弘扬民族精神"主题的红色教育活动。首先,民族精神的本质是以爱国主义为核心的五四精神、奋斗精神、团结精神、梦想精神,参加活动可以激励学生坚定目标理想、坚持努力奋斗,从而助力学业进步,磨刀不误砍柴工。其次,参加学习以外的活动可以帮助学生调节身心、缓解压力,还可以帮助学生开拓视野、增长见识,劳逸结合更有利于学生全面发展和可持续发展。

2. 协助学校拓展红色教育活动路径

第一,在班级文化中营造红色教育氛围。可以布置班级红色文化墙,悬挂国旗、社会主义核心价值观、中小学生守则等内容,引导学生理解爱党、爱国、爱人民的意义。可以在班级的读书角开辟红色书籍专区,让学生在红色经典阅读中感受党的峥嵘岁月与光辉历程。可以在班级的宣传栏中张贴"传承红色基因、争做时代新人""奋斗是青春的底色"等励志标语,以此激励学生学习文化知识,努力成为国家栋梁之材。还可以和学生一起确立班级愿景、设计班徽等,让全体学生在耳濡目染中慢慢形成拼搏、创新等思想境界和精神风貌。

第二,在课堂教学中嵌入红色教育素材。课堂教学不仅是向学生传授知识的阵地,还是进行德育工作的重要渠道,具有传

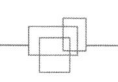

授对象广、时间集中的优势。每一位班主任首先是一位学科教师，要善于进行教学设计、把握教育契机，在课堂教学中适时、恰当地嵌入红色教育素材，让学生在收获知识的同时，接受红色教育的洗礼，激发学生夯实基础、修炼内功、勇挑重担、振兴中华的内驱力。

第三，在多元实践中丰富红色教育体验。学校除了积极开展常规的宣传教育活动，如校园网、微信公众号、宣传橱窗展板、全体师生晨会等，还可以挖掘学校特有的校史文化、国旗文化、院士文化，建设校史馆、国旗馆、院士墙，让师生共同感受前人筚路蓝缕的梦想与追求、勠力同心的情怀与担当，让先辈的爱国热情和红色信仰能够薪火相传；也可以利用学校周边的红色教育场馆拓展实践课堂和教育平台。

3. 携手家长共同营造红色教育氛围

学生成长中的教育途径很多，家庭教育对孩子的精神濡染和引领尤为重要，因为它的影响会连续、显著且长久地贯穿于孩子成长的各个时期。

首先，家长应当形成科学评价观念，为孩子指引正确的奋斗方向。注重孩子思想品德教育，帮助孩子确立崇高理想和坚定信念；引导孩子加强体育锻炼，练就健康体魄的同时，还能增强心理素质，促进身心健康发展；注重孩子劳动能力的养成，促使孩子学会做事，减少依赖，培养独立意识和创造能力，也增强孩子对家庭和社会的责任感；创造家庭美育氛围，为孩子提供丰富多彩的艺术体验，培养审美情趣、提高审美能力、激发孩子发现美和创造美的能力。家长应重视孩子的全面发展，为孩子终身发展和幸福生活奠定良好基础。

其次，家长可以营造家庭的红色教育氛围，为学校、社会红色教育夯实基础。家长要意识到红色教育的重要性，虽然身处

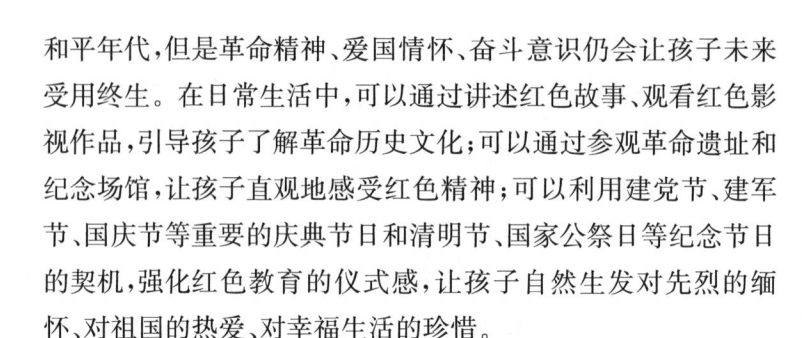

和平年代,但是革命精神、爱国情怀、奋斗意识仍会让孩子未来受用终生。在日常生活中,可以通过讲述红色故事、观看红色影视作品,引导孩子了解革命历史文化;可以通过参观革命遗址和纪念场馆,让孩子直观地感受红色精神;可以利用建党节、建军节、国庆节等重要的庆典节日和清明节、国家公祭日等纪念节日的契机,强化红色教育的仪式感,让孩子自然生发对先烈的缅怀、对祖国的热爱、对幸福生活的珍惜。

第三节　澄清价值与观念

学生价值观是指学生在学习和生活中形成的对于人、事、物的认知和判断,它是学生思想和行为的导向。学生受到家庭、学校和社会的多重影响,逐渐形成了多元化的个人价值观。日常德育工作中,班主任应引导学生追问并审视自身具有什么样的价值观,旨在帮助学生增强价值选择的理性思维能力。

一、学生要有正确的金钱观

学生能够正确理解金钱的本质与作用,明确物质与精神价值的关系,形成健康合理的消费观念,有助于其身心健康成长。在社会物质水平飞速发展的时代,学生要对自己的消费需求和购买力有正确的认识,学会理性消费,不仅有助于养成良好的消费习惯,还能为未来生活打下坚实的基础。

【情境案例】

近来刘老师正被一个问题困扰,班上小志的父母开的饰品店生意很是红火,小志学着父母做生意的样子,竟在班上的女生中做起了小买卖,并且靠赚的钱买了自己梦寐以求的变形金刚玩具。当刘老师向小志父母反映情况后,他们竟对孩子的生意头脑沾沾自喜,认为现在经济社会,孩子这方面懂一点以后会吃得开。刘老师办公室同事的意见也分成两派,有的认为小学生人小、精力有限,到学校是来学知识的,做小生意弄不好会形成错误的价值观、金钱观;有的则认为,巴菲特就是从小锻炼做生意,长大才成了金融巨头,我们的孩子在这方面缺乏培养。

【案例分析】

无论是小学还是中学,这样有"生意头脑"的学生不在少数。把"生意"带入校园,有人欢喜有人愁。导致这一现象主要有以下几个原因。

1. 网络带货潮流热

近年来直播带货以及公众号、抖音等自媒体平台兴起,让经商环境更加多元化,更加便捷直接的交易方式渗透到大众的生活。而众多明星网红直播"带货",也成了一种潮流,买卖之外,又产生了一些社会文化层面的效应。这种效应势必也影响到中小学生对"做生意"的理解,使其跃跃欲试。

2. 耳濡目染"生意经"

在情境中,小志的父母就是经商做生意的,小志的家庭生活中,充满着"生意经"。耳濡目染的他,从小就在效仿父母的经商行为,家庭氛围培养了他的经商意识。再者,小志的父母非常支持孩子的做法,甚至引以为傲。其实像小志父母一样有类似想法的家长不在少数。他们大多认为,在市场经济蓬勃发展的今天,让孩子及早接触一些买卖,让他们学会精打细算,也是一种财商启蒙教育。

3. 独具"慧眼"识商机

小志受原生家庭的影响，有了经商的意识和行为。在校园里，有不少学生的确是独具"慧眼"，能够洞察商机。对于这样的"天赋"，家长和教师不能简单粗暴地进行判定和评价。

小学生正处于学习习惯养成和学习能力提升的关键阶段，如果过于关注商业活动，势必会分散他们的学习注意力，影响学习。如果做生意的目的是为赚取利润，而不是为了增进同学之间的友谊和合作，那么可能会引起同学之间的矛盾，破坏原本良好的关系，会让同学间原本纯真的感情变得淡薄，影响人际关系的发展。学生的"三观"认知发展还不完善，过早接触"做生意"，容易滋生不正确的价值观念。在心智尚未成熟的阶段，接触生意买卖，很容易让学生觉得什么都可以用钱来衡量，从而变得唯利是图，淡漠情感、道德、规则等。

【方法策略】

1. 个别交流，正确引导

对于小志这种家庭背景的学生来说，正确的疏导才是应然之举。如果简单粗暴地打压或禁止，不仅会阻碍小志未来的成长发展，也会让家长对教师教育的专业性产生怀疑。班主任要分别与小志和他的父母进行沟通交流，肯定其买卖行为背后的积极意义，也要分析校园中开展商业行为的弊端。尤其是结合小志最近在校园中的状态表现，例如学习积极性、人际交往困惑、价值观理解等方面，让学生和家长意识到有哪些弊端。培养孩子的财商，不一定要让孩子过早地实践"买卖交易"，还可以通过很多途径实现，如阅读相关书籍、管理自己的零花钱、参与家庭财务处置、进行理性消费等。

2. 集体教育，培养财商

形成正确的金钱观是价值观教育中非常重要的一点。班级中如果有小志这样的"卖家"，就还有一定数量的"买家"，买卖的行为会牵扯到整个班级的管理与建设。因此，开展集体教育必不可少。首先，班主任要指导孩子了解"财商"。财商是一个人认识金钱和驾驭金钱的能力，是和智商、情商并列的现代社会三大不可缺的能力。其次，班主任应引导学生看到钱财背后更重要的内涵。金钱不是万能的，它只是生活中的一种资源，应该用来帮助我们实现自己的目标和梦想。班主任要教育学生尊重金钱，尤其是尊重靠实际劳动取得的报酬。可以开设相关财商课程，让学生们提升自己的理财能力，强化他们正确的消费观；可以通过班会等喜闻乐见的方式，让学生了解市场经济下商品的交易方式和交易行为，让他们摒弃"大手大脚"的花钱习惯。

3. 开展活动，积极实践

校园中可以出现"买卖交易"，但必须要有组织、有规则、有计划、有保障。比如，学校可以利用第二课堂的时间开设"跳蚤市场"，让学生交换闲置物品，各取所需。也可以在每月设置特定时间鼓励孩子们进行交易，让更多的学生参与进来。还可以开展"爱心义卖"，通过义卖的方式，学生将自己的劳动所得捐给慈善组织。参与社会公益，不仅可以献出一份爱心，也可以培养学生的社会责任感。

联动社会教育资源，邀请从事金融行业的家长、共建单位走进校园，为学生宣讲投资理财、理性消费、甄别广告、风险与回报、财务管理；开展模拟股市、理财游戏等真实生动的活动，学会计算成本、利润；从规划自己的商店中帮助学生掌握规划管理表；引导学生从储蓄的行为中理解"延迟消费"的观念；等等。

4. 家校协同,约法三章

金钱观的树立需要家校协同,学生财商的培养需要家校共育。学校和家长必须进行无缝对接,不妨与孩子"约法三章",给予孩子一定的财务支配权,在特定的时间、地点,进行财商实践,做点"小买卖",接受教师、家长的监督与引导,遇到困惑、挫折及时求助解决。如果有了正确的引导,那么孩子的每一次尝试,都将是他们成长的契机。

【拓展延伸】

培养学生的财商

1. 建立正确的金钱观念
2. 学会制订预算
3. 培养储蓄习惯
4. 学习投资知识
5. 实践理财
6. 了解工作与报酬
7. 培养诚信意识
8. 培养社会责任感
9. 培养理性消费观
10. 培养创业意识

二、学生要有基本的法律意识

《青少年法治教育大纲》中强调,必须加强对青少年的法治教育,培养青少年正确的法治观念和法治意识,用法治思维观念和行为方式去解决社会生活中的大事小事。法治作为一种全民信仰，受到全社会的重视，人们的法治意识也越发强烈。生活中"投诉""维权"等字眼屡见不鲜，似乎敢于维权就是法治观念强的表现，然而事实并非如此。

【情境案例】

张峰同学在校多次违反校纪校规，班主任苦口婆心地对他进行了批评教育，收效甚微，于是对他直言，如果继续迟到旷课，就让他爸爸把他领回家。班主任老师刚说完，张峰同学马上说："你要是剥夺我读书的权利我就去告你，小学老师就是被我告得被扣发了奖金，我是很懂法律的！"

【案例分析】

案例中学生多次违纪，班主任欲对其处罚却被告知要投诉老师的情形在生活中也并不算少见，此类现象产生的原因大致有以下几点。

1. 学生对法律的理解存在偏差

随着法治教育的深入，中学生的法律知识和法治观念都有了很大的提高。但正如案例中所呈现的，学生对法律的理解还存在误区。一是他没有正确认识权利与义务相统一的关系，学生有受教育的权利，同时也必须履行受教育的义务。按时上学、认真学习是学生的职责所在。《中华人民共和国预防未成年人犯罪法》中规定，学生多次旷课属于未成年人的不良行为，需要家长和学校及时制止和干预。二是未正确理解法治的价值追求。法治是为了维护社会的公平正义，不是用来威胁他人、泄私愤的工具。

2. 班主任对班级的管理不够规范、科学

班级管理是一项系统工程，需要对"班级常规管理与学生行

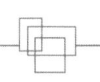

为规范养成""班集体的创建"和"面向全体学生的发展性评价"等方面做全面而系统的思考。案例中,面对学生多次违反校纪校规,班主任虽"多次苦口婆心地教育批评,但收效甚微",那么可以溯源思考,班主任在建班之初是否制订了科学的班规制度?对违纪行为的惩戒方式是否明确合理?在学生违纪行为发生后有无后续的跟进和改进措施?……惩戒措施的随意性,会产生和激化矛盾。此外,除了口头批评教育,有没有其他的教育方式,也是值得班主任思考的问题。

3. 家庭教育补位缺失

孩子是家长的一面镜子,案例中虽然没有出现家长的态度和做法,但是根据学生所说"小学老师就是被我告得被扣发了奖金",不难看出孩子的法律意识在形成过程中缺乏正确的引导。片面追求权利,忽视对孩子责任意识、利他观念的引导,也是家庭教育层面需要反思的问题。

【方法策略】

案例中因学生行为引发的师生冲突,可以尝试以下策略解决。

1. 规则为先,底线"拎得清"

面对该学生多次违纪、屡教不改的情况,班主任应该保持自己稳定的情绪,避免意气用事,要给学生树立情绪稳定的榜样。冲突情况发生之时,班主任可以先冷静下来,暂时搁置,并和学生约好下一次谈话的时间。在此期间,班主任要先梳理此类违纪行为的校纪班规,明确不同程度违纪行为的处罚标准,必要时可以和学校分管部门先行沟通,厘清之后对学生进行必要的规则教育。在教育的过程中,班主任应力求用客观的态度陈述事实,和学生分析迟到旷课对其成长发展带来的危害,带领其学习相关保护未成年人的法律和学生守则,并明确告知学生违纪的

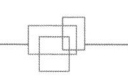

后果,建立底线意识。

2. 沟通引导,误区"解得开"

情境中的学生说"小学老师就是被我告得被扣发了奖金,我是很懂法律的",这有可能是真的,也有可能只是学生"虚张声势"。不可否认的是,学生在心里已经与班主任处于对立的状态,班主任要与学生建立信任关系,让学生放下防备。班主任可以尝试用真诚的态度,与学生共情,抱着"好奇"的心态,了解其曾经的经历。在沟通过程中班主任要仔细倾听,探寻学生的内在需求,甚至可以有意识地关注哪句话是冲突的爆发点等。在和学生能够顺利沟通的基础上,引导学生学会正确处理师生冲突。当自身合法权利受到侵害时,运用合理合法的维权方式,避免过度维权,这也是身处法治社会的公民应具备的基本素养。

3. 家校协作,问题"找得到"

家庭是学生成长的第一所学校,家长是学生的第一任老师。吴素贞在《家庭教育指导中存在的问题和建议》中也认为:"学校作为家庭教育指导的主要场所,应在考虑到家庭教育过程中的问题、家长的困惑以及家庭自身的需求的前提下,为家长提供必要的支持和帮助。"学生的问题需要家校携手,共同发现和剖析原因。学生迟到、旷课的原因什么,是家长的溺爱放纵让其规则意识淡薄,还是出现家庭变故缺乏家长教育引导……这需要班主任与家长及时联系,了解真实情况,积极解决问题。班主任应以专业的素养,取得家长的信任,对家长进行家庭教育的指导;用辩证发展的思维,与家长一起发现问题、分析问题、解决问题。

4. 实时跟进,进步"看得见"

行为的转变需要一个过程。针对学生旷课行为,班主任应保持跟进,督促其纠正。例如,可以准备个人"成长足迹",每天一句,记录自己的进步,家长和班主任定期写点评;邀请该同学

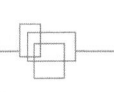

加入值日班委行列,参与班级常规的管理记录,参加每周的班委会,让学生融入班级,在提高归属感的基础上培养其规则意识;在全员导师制的基础上,力邀导师加盟,培养其学习的兴趣和信心,以此增加师生间的信任,增强向师性。

5. 知行结合,法律"用得对"

纠正该学生的问题行为,引导其树立正确的规则意识和法治观念,需要在知道的基础上运用。班主任可以携手科任教师,利用道德与法治课进行法律知识的讲解,答疑解惑,澄清误区;利用社区或家长资源,请专业的法律人士进班开展"法治讲堂",向学生传播专业法律知识,以案说法,介绍生活中常见的维权案例;利用班会时间,结合真实案例,通过角色扮演,体会权利与义务的关系,增强责任和规则意识等。在提高认识的基础上,组织学生参照法律修改的流程,修订完善班级班规。知行结合,方能履践致远。

三、学生要有清晰的发展规划

学生应认识到自己的责任与使命,并明确人生目标和追求到底是什么,形成合理全面的成才观念。通过深入了解自己的兴趣、能力和优势,学生可以更加明确地规划自己的职业道路,选择适合自己的职业方向,更加有针对性地提升自己的职业素养和技能,为未来的职业发展打下坚实的基础。

【情境案例】

时下,各种选秀类电视节目非常火爆。班上有三位女生受其影响,梦想能通过参加选秀类节目发挥自己的文艺特长,一举成名,圆自己的明星梦。当她们在父母面前表达了这样的愿望

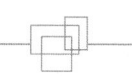

时,均遭到了父母的强烈反对,认为这是不切实际的想法,上大学才是正道。最近一个影响力很大的电视选秀节目到她们所在的城市海选,三位女生便向班主任请假,希望能去参加海选,并请班主任不要告诉她们的家长,她们认为考大学能实现个人价值,做明星也能实现个人价值。

【案例分析】

该案例反映了在选秀造星的背景之下,青少年学生追求个性化成才之路和父母传统成才观念之间的分歧。产生这种分歧的原因主要有以下几个方面。

1. 社会多元文化的冲击

"时下,各种选秀类电视节目非常火爆",选秀活动已席卷了各大电视网络平台,学生是重要的观众群,因此也是做明星梦的主要群体。"班上有三位女生受其影响,梦想能通过参加选秀类节目发挥自己的文艺特长,一举成名,圆自己的明星梦",三位女生认为自己有文艺特长,有一定的实力参加选拔,并且有从海选中脱颖而出的可能,所以不顾父母的反对,瞒着他们也要尝试。

2. 传统成才观念的约束

对于"选秀"成才,父母的想法往往截然相反,他们认为"这是不切实际的想法,上大学才是正道",参加选秀活动获得成功的概率无异于大海捞针,还会耽误时间、荒废学业,在大多数父母的眼中,考上好大学、找一份好工作、结婚生子大概才是孩子成人成才的理性模式,所以他们会对孩子通过选秀当明星的想法表示"强烈反对"。

3. 个体自我意识的增强

成长期的青少年逐渐加强关注"我"的感受,当"三位女生来向班主任请假,希望能去参加海选"时,班主任能不能同意;当学

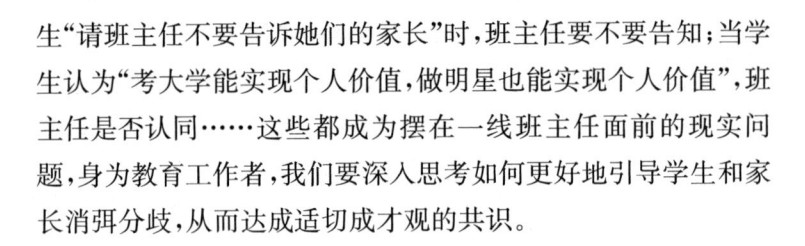

生"请班主任不要告诉她们的家长"时,班主任要不要告知;当学生认为"考大学能实现个人价值,做明星也能实现个人价值",班主任是否认同……这些都成为摆在一线班主任面前的现实问题,身为教育工作者,我们要深入思考如何更好地引导学生和家长消弭分歧,从而达成适切成才观的共识。

【方法策略】

1. 坚守底线,表明态度

班主任到底能不能支持学生请假参加海选活动呢?答案是不能。很多人宣称"成名要趁早",在很长一段时间内的选秀活动中,选手低龄化的趋势越来越明显,其负面效果远大于正面影响,甚至出现了平均年龄只有8岁的男子偶像团体出道,从而引发广泛争议的情况。为此,国家广电总局明确规定电视台的各种选秀活动的参赛选手年龄必须在18岁以上,所以班主任可以将此明确告知学生,坚守底线。

2. 分析利弊,价值澄清

班主任需要引导学生理性看待选秀活动的利弊,形成正确的价值判断,否则学生只是被相关法规暂时约束了行动,内心仍是盲目且执着向往。

不可否认的是,选秀活动对学生有一定的积极影响。选秀活动是千军万马过独木桥,往往是成千上万人报名、数十人入围、前几名胜出,学生在参与的过程中能够认识到一夜成名、一劳永逸都是不切实际的幻想,所有成功终归要靠自己付出超乎常人的努力,吃该吃的苦,才能走想走的路。它能使学生增强抗挫能力并加深对成败的认知。然而,选秀造星活动的负面影响往往更为严重。首先,中小学生处于身心发展尚未成熟阶段,从明星身上看到了丰厚的收入和优越的生活从而产生了错误的成才动机,在潜移默化中逐渐产生拜金主义、享乐主义和极端个人主义思想,并不能真正清楚做明星到底应该实现什么样的"个人价值"。其次,有学生因机缘巧合曾拥有过短暂的知名度,但是红利期过后,他们在日新月异的娱乐市场中又变成"无名之辈",又因错过了文化知识积累的黄金时期从而难有好的未来可言,这些案例都是前车之鉴,学生要引以为戒。

3. 生涯规划,有的放矢

如果学生只是有一般的艺术类兴趣爱好,基本就可以判定为此路不通,必须返回常规赛道了。如果有扎实的艺术基础、非常突出的专业技能,那么班主任需要引导学生全面认识自我,充分了解自己的兴趣、能力、优势与劣势;引导学生评估职业机会,结合自身特点评估进入相关行业并获得成功的可能性;引导学生确定职业目标和路径,制订符合实际的短期目标、中期目标与长期目标,等到年龄达标、时机成熟,也许就会一鸣惊人。

班主任还要提醒学生至少坚持做好两件事,一要不断坚定理想信念,锤炼高尚品德,将国家和人民牢记心中,提升自身的道德修养;二要努力读书学习,不断提升自身的学习认知能力和文化知识素养,提升创新能力,为成才目标的实现奠定扎实的理论基础。[①]

4. 三方沟通,达成共识

家长是协同育人的重要力量,在学生成才观教育方面需要家长的理解、认同和支持。加德纳的多元智能理论告诉我们,每位学生都有一种或多种优势智能,只要教育得法,每位学生都有可能获得某方面的专长从而成为某方面的人才。班主任可以和家长深入细致地交流,引导家长从孩子的立场和角度考虑问题,

---

① 祁亚萍.新时代青年成才观探析[J].党史博采,2020(20):57-58.

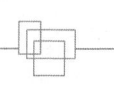

从而更好地了解孩子的内在需求。如果孩子确实有足够的实力去参加选拔并决定走艺术路线，家长应当支持。父母最大的眼界和格局就是帮助孩子成为他自己想要成为的样子，而不是成为父母及他人希望的样子。

【拓展延伸】

《广电总局关于进一步加强广播电视播出机构参与、主办或播出全国性或跨省（区、市）赛事等活动管理的通知》第五条："赛事活动的评选过程、评选标准、赛事规则都要体现公开、公正、公平的原则。参赛选手年龄必须在18岁以上，举办未成年人参与的全国性或跨省（区、市）赛事等活动必须单项报批。"

第四节　修炼道德及品质

拥有良好的道德品质对于学生的发展至关重要。社会风尚、家庭环境、学校教育以及学生心理特质都会影响道德品质的形成过程。学校教育可以有目的、有计划、有系统地对学生道德品质发展施加影响，使学生在社会化过程的任何环境中都能够坚守道德底线、追求道德品质，从而推进社会的道德风貌和文明进步。

一、学会尊重他人

班集体是培育学生成长的一方沃土，班集体建设过程中的良好氛围对每位学生的成长和发展有直接的影响。课堂教学、班级活动都是集体蓬勃生长的路径，是实现集体目标的有效形

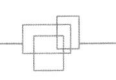

式,是团结、教育学生的有利手段。在团结友爱的集体中,师生之间、生生之间彼此互相尊重、关爱、理解、信任,学生的集体荣誉感和自豪感都会油然生发。

【情境案例】

　　章老师是新二(1)班的班主任兼语文老师。这一天上语文课,章老师检查课文朗读情况,开"小火车"轮到小杰的时候,小杰扭扭捏捏地站起来,红着脸,结结巴巴地开始读了。结果小杰总是打疙瘩,而心越急就越读不通,全班同学因此哄堂大笑。这时,有一个小朋友大声叫着:"老师,他是傻的!以前的老师就这么说的。"同学们笑得更起劲了,小杰的脸更红了,头也低下去了。

【案例分析】

　　学生成长的每个阶段都有独特的价值和意义,良好的集体运转中,师生之间、生生之间的彼此尊重是基本底色。班主任应打造一个相互尊重、团结进取的班级,引导学生懂得尊重、践行尊重,处理好自己与他人、与集体的关系,努力成为一名自尊自爱、厚德有礼的青少年。

　　1. 班集体成员的融洽氛围欠缺

　　课堂上,小杰尴尬的局面其实反映出这个集体中的同学彼此之间还没有形成"合作支持、鼓励互助"的友好氛围,小杰的扭扭捏捏、脸蛋通红、结结巴巴可能源于曾经在参与集体活动中就有过类似的不愉快经历,导致这次朗读也是意料之内的"糟糕"。全班同学的反应更是让情况雪上加霜,不难想象,后续的课堂互动有更多"小杰"会因为害怕而不敢举手,会因为胆怯而不敢尝试,会因为他人的嘲笑而选择逃避。

2. 班主任对班级舆论的关注欠缺

在本案例中，其他学生的无心之言道出此类事情大概率不是第一次发生。班主任要回溯屡次发生这样的情况的原因，如果过去在发生此类事件时，班主任能够及时关注学生舆论，并及时制止、正向引导，便能较大程度改善"小杰"身处的舆论困境。

3. 个体"容错力"的培养欠缺

通过自己的努力获得他人给予的正向反馈和认可，是我们实现与提高自我效能感的重要路径，每个人都需要这样的成功体验。案例中的小杰同学恰恰缺乏这样的成功体验与愉快感受，越是缺乏，越是在意他人对自己的评价。而这样的成功体验往往不是能达到一蹴而就的效果的，尤其是在面对具有挑战性的任务时；朗读任务就是情境中小杰的挑战性任务。面对这样的情况，小杰的个体"容错力"是需要加强的一个因素，允许自己出错、给予自己空间，在不断磨砺中提高自己的"容错力"。

【方法策略】

尊重，是班级发展的底色，是学生成长的底色，是生命的底色。学会尊重，是提升个人品德修养的重要基础。普遍性尊重是指学生对一切人、一切事的尊重，属于尊重的最高层级。

1. 尊重自己

苏霍姆林斯基曾说过："没有自我尊重，就没有道德的纯洁性和丰富的个性精神。对自身的尊重荣誉感、自豪感、自尊心，这是一块磨炼细腻的感情的砥石。"班主任应引导班级学生从欣赏自己、尊重自己开始。自我尊重，不仅可以助力青少年在经历逆境或自我怀疑的时候做出让自己保持尊严的选择，还影响着青少年与他人的关系。

班级活动的开展是学生之间交往的开始，学生在活动中找到支持者、鼓励者和合作者；彼此欣赏的合作会让活动充满意义，会让班级的每一位同学感受到自己是被欣赏的、被关注的、被爱着的。这是生活中最强有力的底气和动力。班主任需要做的是挖掘每一位学生的兴趣点，并搭建合适的平台让学生能积极展示自我。在分享交流中，学生逐渐欣赏自己的坚持、自己的品质、自己战胜困难的勇气。欣赏自己、肯定自己的价值，让同学们感到快乐与满足，同时扬长补短、挖掘自己的潜能，最大限度地展现自己的才华。

2. 尊重他人

班级是学生社会化交往的重要场所。学生在交往过程中，渴望扩张自己的"朋友圈"，对待同学、老师、家长有了更高的期待。他们渴望真挚的友谊，希望与老师、家长"平起平坐"，建设尊重有爱的"朋友圈"，会让学生有更强的归属感、幸福感。在"我们"中，学会包容、学会理解，在不同中寻找共同，学会互相尊重，创造更好的共同生活。

班主任在各时段开展的分享交流都应指向彼此之间的尊重。开展人际交往、尊重他人、你是我的好朋友等主题班会，有助于学生学会以正确的方式与人交往。班主任的榜样示范有助于学生彼此之间的友善交往，班主任的言行举止是最好的示范，学生在学习模仿的过程中营造良好的班级氛围。学生的向师性很强，从与老师的交往过程中会逐渐明白尊重的重要性，要设身处地为他人着想，理解他人难处，包容他人，像尊重自己一样尊重他人。集体并不是成员的简单相加，而是有共同目标、分工明确的整体。班级文化就是班级所有成员共有的信念、态度、价值观等的复合体。因此，班级中的每一位同学都应该发挥主人翁意识，共谋、共管、共享班级文化，营造互相尊重的班级氛围。

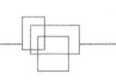

3. 尊重差异

班级管理过程中要注重因材施教,尊重学生之间的差异,搭建不同维度的舞台,挖掘学生的"与众不同",肯定学生的点滴进步。班主任可以尝试着引导学生在自主、合作、探索的班级生活中,运用知识解决问题、头脑风暴创新实践,以满足学生的自主感、胜任感、联结感,鼓励他们在属于自己的成长空间里友善交往、充分表达。

尊重学生的"所长""所短",引导学生成为全面发展的学生。利用合理的评价机制让班级管理"活"起来,小组讨论,大组商议,向科任教师询问建议,向家长朋友探讨方向,在此基础上产生学习之星、互助之星、朗诵之星、合作之星……将班级星级奖章评选从不同的维度全面推进,学习习惯、卫生习惯、劳动习惯等均被考虑在内。众多奖项的背后是学生对于自己和伙伴的尊重与欣赏,他们不再拘泥于学业表现,而是聚焦于个人和小组的全面发展。班主任要把"评价"这把尺子适度放手交给学生,引导学生在日常生活中发现彼此的闪光点。

【拓展延伸】

涂鸦墙

教室的每一面墙壁都可以让学生用自己的方式张贴、布置,"心氧吧""悦聊吧""祝愿墙""兴趣局"都是师生敞开心扉的温馨空间,拐角处的温馨树洞更能为内心苦闷寻求帮助的学生提供温馨帮助。

二、厉行勤俭节约

勤俭节约不仅是一种个人行为,更是一种社会责任。在物质极大丰富的现代社会,学生很容易受到外界影响而陷入铺张浪费、过度消费的误区。因此,班主任要通过思想引导,帮助学生深刻认识勤俭节约的重要性,培养节约意识。同时,引导学生注重精神层面的追求,减少对物质的过度依赖,学会理性消费,培养健康的生活情趣。

【情境案例】

最近一段时间,班上的学生流行大操大办过生日,一般的是请一群同学吃饭唱歌,有的还请同学们到度假山庄狂欢过周末。用他们的话说,就是要留住宝贵的青春记忆。

【案例分析】

随着社会经济的发展和物质生活的丰富,人们的消费观念更趋向于重视消费的品质和精神的满足。案例中的学生过生日的规模和形式呈现出大操大办的趋势,这与当前倡导的绿色消费背道而驰。

1. 社会文化的影响

社会文化环境对个体的行为和价值观有着潜移默化的影响。当前社会依然有物质主义和消费主义盛行现象,这类群体通过物质消费来展示自己的社会地位和价值观念。这种文化氛围对学生的价值观产生了一定的影响,使他们在过生日时追求豪华、盛大的庆祝方式,以此来显示自己的与众不同。

2. 家庭环境的影响

家庭环境是个体成长的摇篮,对学生价值观的形成具有重要影响。一些家长出于补偿心理或是对孩子的溺爱,愿意在孩子生日时投入大量金钱和精力,为孩子营造盛大的庆祝氛围。家长的态度对孩子行为产生了潜移默化的影响。

3. 个人心理的驱动

处于青春期的学生独立意识不断发展,情绪情感丰富,希望留下不一样的记忆。但是他们的心理发展尚未成熟,渴望得到同伴的认同,想通过"大办生日"的方式来吸引关注,以此满足社交需求、表现个性、彰显不同。一些中学生还可能存在攀比心理,希望通过豪华的生日庆祝来超越他人,满足虚荣心,显示优越性。

【方法策略】

针对情境中学生铺张过生日的现象,班主任需要从多个方面入手,引导学生树立健康、理性的生日庆祝观念,倡导勤俭节约的生活方式。

1. 正面教育,让奢侈之风远离校园

第一,召开系列主题班会。铺张过生日的风气在班级已经开始流行,班主任需在尊重学生的交往需求和留下美好记忆的愿望的基础上,通过主题班会进行集体教育和思想引导。首先,设置"探寻中国'礼尚往来'的文化"主题,了解送礼物的目的,让学生了解"礼"更侧重心意,"千里送鹅毛"就是此意,摒弃攀比思想。其次,设置"不一样的生日"主题,让学生了解生日的来历,知道孩子的生日是母亲的"受难日",学会如何在生日表达感恩等,让"过生日"回归理性。还可以设置"建设节约型社会"主题,从国家资源环境、经济社会等面对的挑战出发,让学生了解国家的发展现状,知道个人对社会、对国家发展的作用。

第二,利用好家长成长课堂。学生的健康成长离不开家长的影响,针对部分家长在教育理念和方法上的不足,班主任要利用好家长会或学校家长课堂的机会,传递给家长正确的育儿理念和成才观。教会家长如何更好地表达爱、传递爱;正确理解什么是"富养"孩子,同时觉察自己的补偿心理,避免因内心的缺失

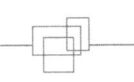

而让孩子随意花钱，养成铺张浪费的习惯；学会从孩子的角度出发思考问题，不将成年人的喜好和价值观强加在孩子身上。家长应理解孩子对生日聚会的渴望可能源自喜欢和朋友们聚会，至于在哪里聚、吃什么、玩什么并不是他们最关心的话题，家长过度的"操心"，反而偏离了孩子们的初衷。

2. 群策群力，让纪念日充满仪式感

从家长角度来说，有的家长会在孩子生日这天送上一封手写的家书，将满心的期盼与祝福融入其中；有的家长每年拍一张孩子固定背景、同样动作的照片，制作成相册，记录孩子成长的历程；有的家长亲手做蛋糕，做长寿面；还有的家长带着孩子参加一项公益活动，培养孩子的社会责任感。"过生日"重在陪伴，重在记录，重在感受家庭的温暖。

从班主任的角度来说，每一位学生的"生日"是他们成长的标志，哪怕一个小小的仪式，都会滋润学生们的心田。具体来说，在每位学生的生日当天，可以赠送一个教师手写的"生日书签"；在班级宣传栏的特定位置留一块"祝福角"，给过生日的学生送上一段祝福语；每年在班级征集"生日心愿"，放进"心愿盲盒"，由过生日的学生在当天随机抽取；或者选择一个契机给全体学生过集体生日等。

3. 榜样引领，让勤俭节约成为主流

第一，学道德模范。班主任要培养学生对有社会突出贡献者的崇敬之情，用典型人物的事迹感染学生，在榜样的引领下，认同勤俭节约的思想。班主任可以利用主题纪念日等时机，开展榜样人物精神的学习实践活动。开展班级"光盘行动"，号召学生自带水杯，少用餐巾纸，收纳好无人认领的丢失文具，合理利用废旧作业本，将勤俭节约的理念融入学习中，为社会的可持续发展贡献力量。结合榜样人物的事迹，开展关于"俭以养德"

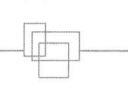

主题的读书沙龙、演讲比赛、小报制作等活动，营造勤俭节约的班级氛围。

第二，树身边榜样。除了依靠品德高尚的模范人物的力量，还可以在班级树立学生身边勤俭节约的榜样。可以开展每月班级"节约之星"的评选活动，从节水、节粮、节电等各方面观察学生的常规表现，选出具有代表性的学生，并制作海报，由班主任撰写颁奖词，学生写下感受，张贴在宣传栏，发挥过程性评价的作用。联合社区的力量，发现居民中勤俭节约的市民典范，通过"红领巾寻访"等活动，让学生与其近距离交流，传递正能量。

4. 搭建平台，让内在需求得到满足

想被关注、尊重和认可是学生正常的心理需求。因此，班主任可以利用学校、团队活动等多种平台，给予学生展示自己的机会，如自主设计德育微课程。如今，不少学校都有学生自主设计和参与的德育微课程，班主任可以利用此机会，动员鼓励学生策划关于勤俭节约的微课程，从前期主题的选择、呈现方式，中期的材料收集、内容撰写，到后期的展示，都由学生自主参与设计，班主任指导，在全校范围内宣讲展示，并进行公众号的推送。有条件的班级甚至可以开设班级的公众号，宣传践行相关主题活动，培育志愿者精神，满足学生的内在需求。

三、积极践行诚信

诚信不仅仅是一种观念，更是一种行动。班主任通过思想引导，帮助学生树立诚信观念，培养诚实守信的品质，从而提升道德修养和人格魅力；鼓励学生在学习生活中积极践行诚信，做到言行一致、表里如一。人人讲诚信、事事讲诚信的良好氛围，将提升社会的文明程度和道德水平。

第一章 思想引导

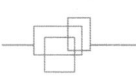

【情境案例】

随着高中期末考试的临近,校园里的气氛越来越紧张。因为考试成绩被看作是衡量一位学生好坏的标准。虽然班主任希望自己的班级能够考出一个好成绩,但是一切违背诚实原则的事却一向不屑于做。所以班主任再三要求学生即使考不出好成绩,也要做个诚实的学生,不要违背自己的良心,该怎样就怎样,否则……考试的那天,有个考场抓到了一个作弊的学生。一开始,班主任还暗自庆幸早早做了工作,不会是自己班的学生。一打听,出乎意料,就是自己班的。这时的班主任又生气又羞愧,自己班怎么会有人作弊呢?怎么有人敢作弊呢?

【案例分析】

考试作为重要的评价手段,一直被视为衡量学生知识储备和能力素养的关键指标;考试的结果具有诊断与反馈、导向与激励、鉴别与选拔等功能。学生为什么会在考试中作弊呢?表面上看是为了追求更高的分数,但背后却有着复杂的学生心理原因和外部环境原因。

1. 学生心理原因

侥幸心理。有些学生平时学习动力不足、自我要求不高、知识储备不充分,但对于考试结果又有着一定的期待,不想面对过于糟糕的分数,于是想通过作弊的方式取得好成绩。

自尊心理。有些学生平时刻苦努力,自我要求非常高,希望在每次考试中都能取得好成绩,从而保持在同学当中的"优越地位"、保持获得荣誉的资格,因而不惜铤而走险作弊求高分。

错误认知。有些学生认为成绩是衡量一个人优秀与否的最重要标准,他们可以为了取得好成绩而不择手段,并且认为作弊只要不被发现,就不会有任何后果,认知出现偏差。

2. 外部环境原因

来自学校或者家庭的压力。家长对孩子的期望很高,"望子成龙、望女成凤",投注非常多的精力在孩子的教育上,无形中给孩子造成了巨大的压力,孩子为了不让家长失望而选择作弊;在学校,成绩优秀的学生更容易获得学校的褒奖和荣誉,更容易获得老师的青睐和肯定,更容易获得同学的认可和喜爱,成绩不佳的学生可能为了赢得关注和信任而作弊。

考试中被放任的不良现象。监考老师监考不规范、不严格,个别同学成功作弊并且取得了好成绩;或者有同学作弊被发现,但并没有因此受到学校相关部门的有效惩戒,对学生没有起到实质性的震慑和警示作用,这也是有些学生为什么敢作弊的原因。这些情况都会让诚信考试的同学感觉到不公和不满,甚至引起他们的效仿。

【方法策略】

1. 明确底线,正向引导,帮助树立正确价值观念

第一,认识考试作弊的危害。教育的初衷是培养学生的独立思考能力、批判性思维和创新能力,考试作弊会让学生对自己的学习能力产生错误判断,进而影响学习的积极性和自信心,还会对学生的心理健康产生负面影响,使其在未来的生活中面临更多的道德挑战。为严肃考纪考风,上至国家及地方教育主管部门、下至学校年级班级,都出台了相关的法规条例或制度规范,对于考试作弊的同学来说,或许会面临考试成绩被清零、评优评先资格被取消等处罚,考试作弊有百害而无一利。

第二,认同诚信品质的价值。在诚信教育中要着力强调诚信的个人功利价值,让学生充分认识到诚信与个人发展及生活幸福的内在联系。诚信作为道德的核心要素,是学生健全人格

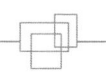

的重要组成,也是每个人应该具备的基本品质。开展诚信教育有利于提高学生的综合素质,培养学生诚信交往、诚信学习和诚信就业的能力,在竞争日益激烈的社会中提高学生的社会适应性,并且使他们能够在各种环境中坚守诚信底线,成为有责任感、有担当的人。

2. 依托学校,立足班级,探索诚信教育多元路径

第一,学校加强诚信教育熏陶与监管。学校可以在校园内悬挂诚信标语,设置诚信展板,展示日常学习生活中学生诚信学习、诚信做事的事迹,树立身边的诚信榜样;播放诚信宣传片营造诚信教育的良好氛围,让学生在潜移默化中受到诚信文化的熏陶。通过问卷调查、访谈等方式,定期对诚信教育开展情况进行检查和评估,了解学生对诚信教育的认知和态度,以便及时调整和优化诚信教育策略。在尊重学生的前提下,给学生的诚信度进行量化评估,采用学生自评、班级互评、家长参评、学校综评等方式,促使学生养成诚信立身的优良品质。

班主任在每一次考试之前,做好考试纪律要求的宣讲,签署"诚信考试承诺书";在布置考场时要求清空桌椅、拉开间距,不给考试作弊留下地理环境上的隐患;每个考场的黑板都写上"规范答题、诚信应考"的提醒;在监考的全过程中,监考老师不做与监考无关的事,全程认真投入监考工作。学校应加强监考和应考结果的反馈,营造风清气正的学习和考试氛围;学校还可以专门设立"诚信考场""免监考场",以此来褒扬成绩优异、品行端方的学生并引导所有学生践行"认真学习、诚信考试"。

第二,教师加强诚信教育引导与实践。发挥教师示范作用,开展诚信教育,教师要以身立教,比如遵守学术道德,不抄袭、不剽窃;在日常生活中,教师做到"言必信,行必果",重信守诺,成为学生的诚信榜样。"其身正,不令而行",教师以德育德、以行

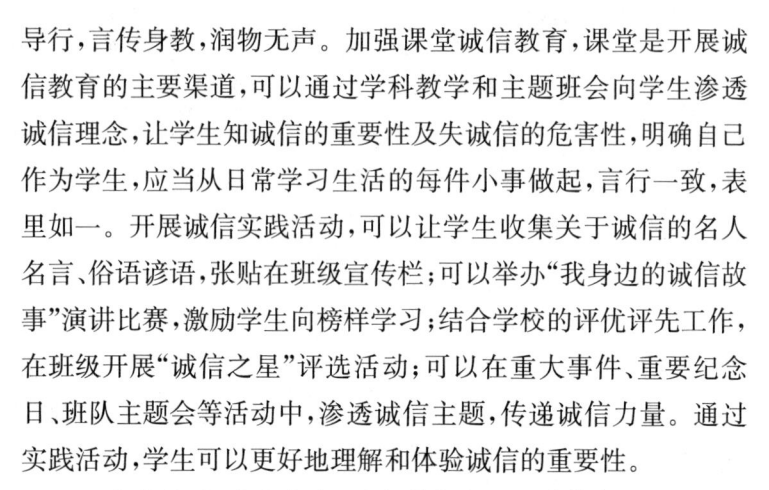

导行,言传身教,润物无声。加强课堂诚信教育,课堂是开展诚信教育的主要渠道,可以通过学科教学和主题班会向学生渗透诚信理念,让学生知诚信的重要性及失诚信的危害性,明确自己作为学生,应当从日常学习生活的每件小事做起,言行一致,表里如一。开展诚信实践活动,可以让学生收集关于诚信的名人名言、俗语谚语,张贴在班级宣传栏;可以举办"我身边的诚信故事"演讲比赛,激励学生向榜样学习;结合学校的评优评先工作,在班级开展"诚信之星"评选活动;可以在重大事件、重要纪念日、班队主题会等活动中,渗透诚信主题,传递诚信力量。通过实践活动,学生可以更好地理解和体验诚信的重要性。

3. 家校协同,多方合力,助力学生诚信品质养成

学生诚信品质的形成,不仅需要学校教育,更需要优化家庭环境,使其对学生的教育、要求、影响与学校教育连贯一致。家庭是孩子接受道德教育的起点,是诚信教育的启蒙学校,现在的中学生大多数是独生子女,父母既是孩子的第一任老师也是终身老师。家长在孩子的诚信教育中扮演着极为重要的角色,这种角色不单是要负责经常性的诚信理念教育,更重要的是体现父母的目标追求和身教示范。

家长对孩子的学业成绩应当有合理的期待。基于孩子的兴趣特长和学习能力设立合理的目标,和孩子一起制订切实可行的学习计划,注重良好学习习惯的养成,注重思维能力的训练和提升,对于孩子取得的进步及时表扬和鼓励,提升孩子学习的自信心和内驱力。对于考试,家长必须和孩子明确,取得佳绩固然重要,但诚信考试是必须坚守的底线,成人是成才的重要前提。不重过程、只看结果的过高期待只会把孩子逼向对立面,既没有好好学习的过程积累,又没有诚信考试的结果收获,德智双失,得不偿失。

生活中确有诚信者受屈、狡诈者获利的事情，但那不是主流，班主任应正确引导学生，担当起对青少年进行诚信教育的最佳指导教师的责任，学校教育与家庭教育相互促进，相得益彰，才能取得上佳的教育效果。

第五节　养成良好行为习惯

随着年龄的增长，中小学生的生理和心理都发生着巨大的变化。他们慢慢开始学会独立思考，形成自己的价值观和世界观。因此，养成良好的行为习惯对于他们的未来发展至关重要，它不仅关系到学生的学业质量，更关系到未来的生活和人生轨迹。良好的行为习惯能够帮助学生更好地适应社会、与他人相处、实现自我价值。

一、树立学生的责任担当

青少年作为国家未来的建设者与接班人，应当具有强烈的责任感与担当意识，才能把自身的成长与社会的进步、国家的未来有机联系在一起。青少年责任感是指青少年个体对于应该承担的事情有着乐于承担并尽力完成，同时对行为后果勇于负责的一种积极的、稳定的情感素质。青少年的自我责任感、人际责任感和社会责任感构成了青少年责任感的三个维度，也是新时代教育工作者应努力培育的青少年责任感的基本内容。

【情境案例】

王老师的班级管理特色是人人有岗，岗岗有人。可今天教

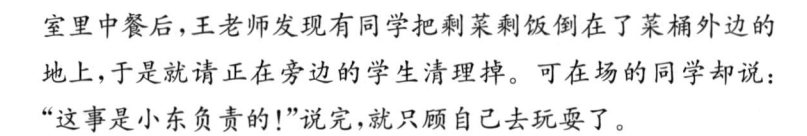

室里中餐后,王老师发现有同学把剩菜剩饭倒在了菜桶外边的地上,于是就请正在旁边的学生清理掉。可在场的同学却说:"这事是小东负责的!"说完,就只顾自己去玩耍了。

【案例分析】

案例中呈现的情况是很多班主任在日常工作中都会遇到的。小学生年龄小,对于集体中的事情没有明确的责任意识,尤其班级有一个责任到人的管理背景下,周边的同学更是有了一种"事不关己,高高挂起"的旁观者心态。但是,作为教育工作者,我们应秉持客观态度看待处理此类现象。

1. 把握情境中的积极动机

不难看出,案例中的王老师在带班育人过程中有清晰的学生主体意识,将学生的主体地位放至第一位,充分调动学生的积极性和参与性,让每个学生在集体中都有事干。

2. 关注情境中的消极因素

案例中王老师的初衷是激发学生的班级管理意识,让每位学生成为班级管理小主人,却无形中让学生们形成了每个人都有自己的"一亩三分地"的认知,大家各自忙碌,你负责擦你的黑板,我负责扫我的地,谁也不插手对方的事,哪怕只需要自己低低头、弯弯腰就能顺手帮对方解决的事也有意或无意回避,显然这样的状态与王老师的初衷是相违背的。

3. 促成消极向积极的转化

换个角度看,问题的暴露也有积极的一面,如何将问题转变成教育契机,是作为一名德育工作者该有的敏感和智慧。岗位实践是学生立足小岗位,不断变化与成长的过程。学生通过岗位实践,可以有效增强服务意识、合作意识和责任意识。同时,学生成长中暴露的许多行为问题也可以通过岗位实践得以解

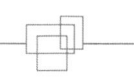

决。案例中的"旁观者效应"恰恰反映出在岗位实践过程中学生的合作互助意识欠缺、班级小主人意识不足的问题。

【方法策略】

一个有爱的班级离不开民主的管理,一个有爱的班级更离不开有责任有担当的主人翁精神。通过自我管理,学生能够更好地应对各种挑战,成为更加独立、负责任和自信的个体,还可以在班级层面产生积极影响,增强班级凝聚力。

1. 班级文化中的潜移默化

良好的班级文化对学生的责任意识培养及社会化发展都有着极为重要的作用。班级文化是指在班主任的指导下,班级师生通过教育、教学与管理活动,创设和形成的精神财富、文化氛围,以及承载这些精神财富、文化氛围的活动形式和物质形态。

良好的班级文化将班级营造成一个大情感场,产生一条条情感链,你帮我,我帮你,你为集体做奉献,我来给你点个赞,学生之间形成一股股强烈的情感流,流向每位学生的心田,驱使着学生自觉自愿地、潜移默化地接受感染、熏陶、教育和鞭策,学生在体验中感悟,从而养成能负责肯担当的良好品格。

2. 集体活动中的"你争我抢"

教室挑战性环境的创设并不是为难学生,而是根据学生身心发展的特点,适当创设情景,提出"难题",锻炼学生摆脱依赖、克服困难、承受挫折、勇于承担的勇气。案例中的情况在每一个班集体中都发生过,下课铃声一响,其他同学迅速离开教室,为当天的值日生创造劳动空间,可是劳动情况并不理想。有的同学捏着讲台上的抹布有气无力地擦拭了两下,有的同学握着拖把左右开弓"意思"几下便匆忙离去,有的同学直接指挥劳动委员帮忙整理桌椅,还有的同学将自己组内负责清理的垃圾偷偷

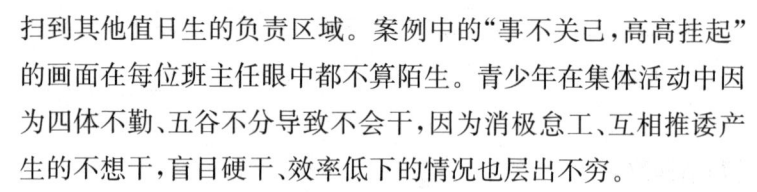

扫到其他值日生的负责区域。案例中的"事不关己,高高挂起"的画面在每位班主任眼中都不算陌生。青少年在集体活动中因为四体不勤、五谷不分导致不会干,因为消极怠工、互相推诿产生的不想干,盲目硬干、效率低下的情况也层出不穷。

如果利用教室里的集体事务开展技能竞赛,学生组团挑战竞争上岗,在体验挑战自我、团队合作的过程中既能获得成功的喜悦,还能收获相应的技能,这样的方式可提升学生在集体事务中参与的积极性。教室里的"挑战"文化不是鼓励学生之间的竞争加剧,而是提供一个平台,让学生的目标可视化,让集体里的小伙伴成为实现目标过程中的督促者和参与者。

3. 具体参与中的"手把手指导"

班主任可以创设多样的日常生活劳动任务,设置不同的劳动岗位。班级岗位安排的原则一是按需设岗,遵循班级建设之需和学生发展之需;原则二是应聘上岗,学生可以根据自己的需求和兴趣爱好自主选岗;原则三是认真在岗,每周的班会课时间会有简短的一周岗位星级评选,通过同学们无记名的投票来评价岗位在职者的工作状态和劳动态度。岗位可以进行"合作制""轮流制""淘汰制"。当岗位工作繁重时可以进行"合作制";当某个岗位特别受学生欢迎时,可以实行"轮流制";当某个岗位的同学屡次忘记自己的岗位职责、每周星级评选都处于末尾时,便可以进行"淘汰制",由班主任进行新一期的劳动技能培训,然后再次竞争上岗。在初次岗位确定的时候,需邀请竞选成功的同学一起商定岗位具体的职责,并将岗位具体要求以文字的形式呈现出来,以清单呈现的方式指导每一次值日工作。学生参与班级管理时,班主任应该计划安排到位、技能指导到位、总结评价到位,定时定期对学生在参与过程中的合作互助、责任担当进行正向反馈,形成积极的竞争机制,为学生涂好人生前行的底

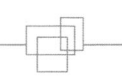

色,养成勇担当、敢挑战的优秀品格。班主任不是班级唯一的主管,不应简单地发号施令,而应该自觉地"放开自己的手",给学生相对的自由,其实也是为学生的责任担当提供了提升的途径。每位学生都能在班级中找到自己的价值,感受到班级生活的愉悦、集体成长的快乐,更加积极主动地发展自我,学会自我管理,自我教育。

4. 学科课堂上的"正向传递"

提升责任感有利于学生在竞争激烈的社会生活中获得更好的发展。课堂作为学校教育实践的重要载体,是培育学生价值观的主要渠道。因此,要养成青少年的责任担当精神,必须发挥学科的价值。以语文学科为例,《我的战友邱少云》《金色的鱼钩》两篇课文中,无论是"邱少云"还是"老班长",他们敢于牺牲自己的背后是"责任担当",这一品格才是支撑"顾全大局,遵守纪律"和"忠于革命,舍己为人"的关键。两篇课文都体现了主要人物的"自尊自律""具有团队意识和互助精神""能主动作为,履职尽责,对自我和他人负责"等优秀品格。在教学时,班主任可以引导学生关注"责任担当",发现主要人物的"顾全大局,遵守纪律""忠于革命,舍己为人"精神的支撑品格,在青少年心中种植"责任担当"的价值观。

5. 家校合作中的"互相支持"

《青少年教育的爱与逻辑》一书中这样写道:"责任感不是家长通过训话、威胁或恐吓能传递给十几岁孩子的。随责任感而来的还有自尊感,两者都是在潜移默化中养成的意识,是孩子通过自己的能力培养出来的品质,家长必须给孩子机会,让他们决定自己的行为,即使是犯错误的行为。"父母应该创造机会,让孩子自主地养成责任意识。

青少年责任担当的培养不能仅仅局限在学校教育教学中,

要与家庭教育相结合。家庭是培养青少年自我责任感、人际责任感和社会责任感的最好的场域。通过家校合作，可帮助学生树立正确的劳动观念，增强学生的劳动意识，并拓宽家庭劳动教育的空间。叠被子、擦桌子、洗衣、做饭，这些看似琐碎、不起眼的生活技能，却是孩子们社会化发展过程中锻炼自我、学会自我负责的第一道门槛。从一伸手一弯腰、一根线一粒米的家务琐事中，孩子独立处理事情的能力得到了培养和激励，也能从中体验到满足自我需要的快乐，他们成长的基石也在参与完成家庭任务单的过程中一层层夯实。家庭任务单，能鼓励家长积极参与到孩子责任感的培养过程中来，共同观察孩子责任感的培养过程，并寻找更多、更有趣的方式方法。例如，让孩子利用周末当一天"小小掌门人"，与家长互换身份，尝试履行家长的职责，如做饭、清洁卫生、采购物品、家庭社交等，从而使孩子深刻体会当家过程中的酸甜苦辣，感受到家长的辛劳，以充分激发孩子的家庭责任感与自我成就感。

【拓展延伸】

观看《狮子王》

《狮子王》是一部动画电影，讲述了小狮子王辛巴在众多朋友的陪伴与协助下，经历挑战、战胜挫折，重新找回责任和勇气，最终成为森林之王的故事。

该影片对培养青少年儿童的责任意识启示较大。影片主角辛巴在重振家园的过程中几经犹豫，挫折频起，但友人的鼓励、父亲的教导不断呼唤着他内心的勇气与责任，正是因为勇于担责，最终才得以重回家园。这样的情节易于让儿童接受成长的经历离不开挫折的磨炼，而每一次战胜困难的过程就是提升责任感、收获成长的美好契机。

二、建立学生的规则意识

全面依法治国对公民提出"增强尊法学法守法用法意识,弘扬法治精神,强化规则意识,树立正确的权利义务观念"的要求。遵守规则成为现代公民的一种基本素质。班主任作为全面关心学生发展的主任教师和学生发展的"重要他人",在锤炼学生品德的同时,要注重培养学生的法治精神和规则意识。

【情境案例】

小 A 热衷于社团的活动,然而他过于沉浸在自己的兴趣爱好中,影响到正常的学习生活,甚至出现了无故缺课、不完成作业等情况,违反了学校的一些规章制度,也对其他同学产生了影响。班主任找他谈话,他振振有词地说:"现在需要创新型人才,创新就需要个性和自由,你们不要用一些条条框框来约束我……"

【案例分析】

本案例中所提到的"条条框框"指的就是规则,包括学校里的校纪班规,社会中的道德和法律等。情境中的学生认为规则过于刻板,限制了他的自由,故不愿意遵守规则。究其原因,大致有以下几点。

1. 对规则的重要性认识不足

中学生的思维活跃,但缺乏全面性和深刻性。在对待规则的问题上,他们只看到规则的约束性,忽视了其保护和引导作用,没有意识到规则正是为了保护每个人的自由而存在的。学校的作息时间和课堂纪律,虽然限制了他们的自由活动时间,但

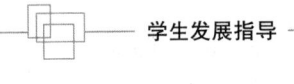

保证了他们有足够的学习和休息时间,这是对他们长远发展的保护。同时,长期忽视规则,可能导致中学生缺乏自律意识,影响学业和未来职业发展。

2. 心理需求和自我意识的觉醒

中学生正处于青春期,心理发展尚未成熟,他们渴望独立,追求自我认同。在这个过程中,个性化成为他们表达自我、寻求归属感的重要方式。同时,随着自我意识的觉醒,中学生更加关注个人价值和个人利益,倾向于追求与众不同,以彰显自己的独特性。

3. 家庭学校教育的不足和外界环境的影响

一些家庭在教育孩子时,过于强调个性发展,忽略了规则意识的培养,导致孩子在成长过程中缺乏遵守规则的习惯;学校在教育过程中,缺乏行之有效的方式让规则意识深入人心;当前社会,个性化被过度强调,一些流行的文化和价值观对中学生的影响不容忽视。在这种背景下,中学生更容易追求个性化,而忽视规则。

【方法策略】

中学生追求个性化而忽略规则的原因是多方面的,需要从多个方面入手,培养他们的规则意识,促进其全面发展。具体策略可以从以下几方面展开。

1. 在观念澄清中正确看待规则

孟德斯鸠说过:"在一个有法律的社会里,自由仅仅是一个人能够做他应该做的事情,而不被强迫去做他不应该做的事情。"一方面,规则限定了自由的边界,在享受自由时不得损害国家、社会、集体的利益;另一方面,规则又是人享有自由的保障,违规、损害他人自由的行为将会受到惩罚。失去规则的保障,自由也就无从谈起。因此,自由与规则不分轻重,缺一不可。

个性化发展有助于培养学生的创新精神、批判性思维和自我实现的能力;规则是社会秩序和公正的保障,为人们的行为提供了明确的指导和约束,是维护集体利益和社会稳定的基石;个性化发展和遵守规则相辅相成。一方面,合理的规则可以为个体提供自由发展的空间。例如,学校的教育制度如果能够充分尊重学生的个性差异,提供多样化的教育资源和课程选择,那么学生的个性化发展就能得到更好的支持。另一方面,随着社会的不断发展,规则也需要不断地完善和调整。在这个过程中,个体的创新精神和批判性思维可以为规则的改进提供有益的参考,为规则的制订提供更多的基础支持。班主任可以组织学生进行观点辩论。例如,以"规则比自由重要?自由比规则重要?"为主题,学生畅所欲言,让真理在辩论和引导中逐渐清晰;还可以组织学生参加研学实践活动,体验父母的职业,了解生活中遵守规则对自己、他人、社会和国家的影响,从感性经验上升到理性认识。

2. 在班规制订执行中体验规则

班主任与学生共同制订班规,明确课堂纪律、考勤制度、卫生要求等方面的具体规定,让学生清楚地知道什么可以做,什么不可以做。如何让班规起到正向引导功能?我们需要做到以下几点。首先,坚持平和协商。参考李镇西老师的做法,班主任给出班规制订的原则,学生在固定的时间内思考并完成班规的草稿,班干部将班规草稿整理、综合,提出草案,再交由全班学生进行修改。修改的过程以小组为单位,组内讨论,班级交流,最终以无记名投票的方式进行表决。这样将班规制订的过程变成对学生进行民主精神启蒙和民主实践训练的过程。其次,坚持理性思考。在制订班规的过程中,班主任引导学生发挥独立批判思维,培养学生理性思考能力;引导学生从年段特点、性别比例、性格特征、行为表现等方面进行观察,评估班情,让班规内容更贴近班级实际。班规的文字描述应多采用正面措辞,用"该如何

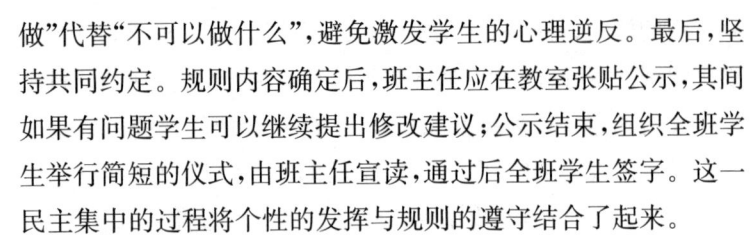

做"代替"不可以做什么",避免激发学生的心理逆反。最后,坚持共同约定。规则内容确定后,班主任应在教室张贴公示,其间如果有问题学生可以继续提出修改建议;公示结束,组织全班学生举行简短的仪式,由班主任宣读,通过后全班学生签字。这一民主集中的过程将个性的发挥与规则的遵守结合了起来。

3. 在社会实践中内化规则意识

学生可以在参与社会实践中增强遵守规则的意识。例如,初中生可以通过参与社区服务活动,如环保、助老、扶幼等公益活动,了解社会的运作规则,学会在集体中遵守规则,培养社会责任感和团队精神。班主任可以携手科任教师在班级开展模拟法庭、模拟政协等活动,让学生能更加直观地了解社会规则,学会在不同的社会角色中遵守相应的规则。学校可以利用各种资源,建立社会实践基地,组织学生在实践中学习规则、运用规则,如在博物馆做维护秩序的志愿者,在图书馆做收纳图书的志愿者,在农场参加农业劳动等。

4. 在榜样示范和多元评价中强化规则意识

班主任和家长都应当引导学生以遵守规则、品德高尚的人物作为榜样。这些榜样可以是历史上的人物,也可以是现实生活中的优秀人物,他们通过自己的言行,展示了遵守规则的重要性,为学生树立了良好的学习榜样。

采用多样化的示范方式强化规则意识。家长和班主任可以通过讲述人物故事、组织实践活动、开展主题讨论等方式,让学生更直观地了解榜样的事迹,从而激发他们学习和模仿的兴趣;同时,还可以利用现代科技手段,如多媒体教学、网络平台等,为学生提供更加丰富多彩的示范内容。

学校还可以采用书面评价、同伴评价、自我评价等多种方式,使评价更加全面、客观。评价时注重及时性和针对性,评价反馈应及时给予学生,以便他们能够及时调整自己的行为;同时,反馈的内容应具有针对性,能够明确指出学生的优点和不足,引导他们向正确的方向发展。对于遵守规则的学生,应给予充分的肯定和表扬,以激发他们继续遵守规则的意愿。对于违反规则的学生,应在指出错误的同时,给予适当的纠正和引导,帮助他们认识到自己的错误并改正。

三、规范学生的环保行为

引导学生树立正确的环保观念,向学生传递环保知识,有助于激发他们的环保意识和责任感;展示环保的多样成果和成功案例,让学生看到环保行动的实际效果,有助于促进学生更加积极投身环保活动;在实践中提高学生的环保技能,组织学生参与环保实践活动,有助于帮助学生形成良好的环保习惯,逐渐养成节约资源、减少污染、垃圾分类等习惯,将环保理念内化于心、外化于行。

【情境案例】

垃圾分类是当前学校重要工作之一。班主任张老师无意间发现,班里同学放学后把一天在校产生的垃圾全部带出教室,出了校门就扔在校外的垃圾桶内。针对这个情况,张老师及时予以制止。但好多同学这样对她说:"一是学校垃圾分类要求太细致,而且还有很多变化,怕自己分不清;二是一旦扔错了垃圾就要被扣分、批评,还影响了班级考核;三是出了校门,就不归学校考核了,自己没负担,学校也不麻烦。一举三得!"

【案例分析】

学校推行垃圾分类不仅有助于培养学生的环保意识,也是

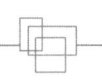

实现可持续发展的重要一环。然而，一些学生在面对学校的垃圾分类要求时，选择将垃圾带到学校外扔掉，并觉得有理有据。通过学生讲述的理由，我们不难看出学生对于垃圾分类工作执行不力的原因有以下几个方面。

1. 学生环保意识比较淡薄

在学校垃圾分类过程中，最大的问题是学生真正参与主动保护生态环境的意愿不高，从学生的内在道德自律与驱动力来说，他们缺乏发自内心的使命感与责任感。不少学生会认为垃圾分类是后勤和保洁的责任，没有意识到自己才是校园环境保护的主人，也没有充分意识到校园生活垃圾分类的重要性。因而他们不愿意花太多时间去了解垃圾分类的相关知识，不会积极主动地去履行垃圾分类的义务。案例中的学生认为把垃圾扔在校外的垃圾桶内，自己就没有负担了，学校也不麻烦了。殊不知，没有分类的垃圾无论扔在哪里都是杂乱无章的垃圾，不利于环境保护，也不利于资源再利用。

2. 学生对垃圾分类的知识掌握不够

学生在校每天会产生种类繁多、数量不少的垃圾，比如塑料瓶、易拉罐、水果皮、草稿纸、使用过的餐巾纸，以及偶尔打碎的玻璃水杯等。部分学生对垃圾分类是有积极性的，但由于垃圾分类知识的匮乏而产生操作层面的困惑，无法对上述垃圾进行精准分类。由此可见，学校和班级层面关于垃圾分类的宣传和教育工作还有待加强。

3. 学校垃圾分类要求细致复杂

学校提出了垃圾分类要求，并与班级考核挂钩的出发点是好的，但是"垃圾分类要求太细致"会使实际操作过程变得复杂，同时"还有很多变化"使得学生莫衷一是，难以落实，加上担心因为分类不当影响班级常规考核，不少学生认为垃圾分类增加了

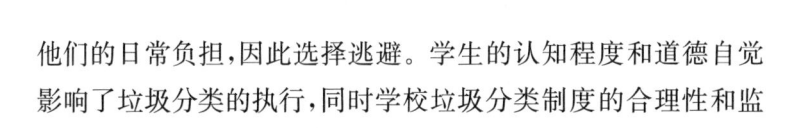

他们的日常负担,因此选择逃避。学生的认知程度和道德自觉影响了垃圾分类的执行,同时学校垃圾分类制度的合理性和监管力度也在一定程度上影响了学生的行为选择。

【方法策略】

在日常生活中,班主任需要以开放和理解的态度去引导学生,让他们认识到垃圾分类的重要性,并转化为自觉的行动。

1. 加强垃圾分类宣传,提高学生环保意识

学校可以充分利用多种渠道对垃圾分类工作进行广泛宣传和教育。例如,利用晨会国旗下讲话的契机,结合学校环境现状,向学生宣传垃圾分类的意义;通过宣传栏、广播、网络等宣传形式,教会学生如何正确科学地扔垃圾,实现垃圾减量化、无害化和再生资源化;通过课堂教学、主题班会等渠道,倡导绿色生活理念,提高学生环保意识和文明程度。

2. 设立垃圾分类站点,进行垃圾分类指导

首先是根据日常生活中师生产生的生活垃圾的类型和数量确定校园不同区域垃圾桶的类型和大小,提高垃圾投放点设立的合理性。比如,垃圾集中投放点摆放大号可回收物品垃圾桶、有害物品垃圾桶、厨余物品垃圾桶、其他物品垃圾桶各一只;在教室、办公室、功能室摆放中号或小号可回收物品垃圾桶、其他物品垃圾桶各一只;在每层楼洗手池旁和食堂收残处摆放中号厨余物品垃圾桶、其他物品垃圾桶各一只等。其次是垃圾的投放,师生在学习、工作中产生的可回收垃圾和其他垃圾按要求就近投放在对应垃圾桶内,厨余垃圾、其他垃圾投放到各楼层的专用垃圾桶内,有害垃圾第一时间直接投放到垃圾集中投放点。再次是垃圾的收集,办公室的可回收垃圾和其他垃圾由值日教师负责集中投放到学校垃圾集中投放点对应的垃圾桶内,教室

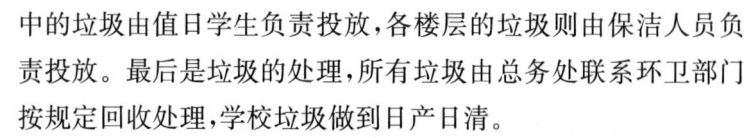

中的垃圾由值日学生负责投放,各楼层的垃圾则由保洁人员负责投放。最后是垃圾的处理,所有垃圾由总务处联系环卫部门按规定回收处理,学校垃圾做到日产日清。

学校可以明确垃圾分类的标准并优化垃圾分类的流程,便于师生理解和操作。对于日常垃圾分类容易出现的误区,学校应加强指导,比如,废弃的草稿纸和污损的餐巾纸是否都属于可回收的废纸呢?因为餐巾纸、卫生纸等遇水可溶,不属于可回收垃圾,应当投放在其他垃圾中。学校还可以对垃圾分类情况进行定期检查和评估,以肯定和鼓励为主,提高师生进行垃圾分类的积极性。

3. 开展多元实践活动,引领践行垃圾分类

学校以垃圾分类调查为载体,开展综合实践活动,引导学生探究校园内垃圾分类现状及出现问题的原因,并提出对策。这样的活动不仅培养了学生发现问题、分析问题、解决问题的探究考查能力和团队协作能力,同时也提高了学生积极参与垃圾分类的内驱力。学校可以带领学生实地参观垃圾焚烧发电厂等生活垃圾处理场所,了解无害化处理过程、普通垃圾经过处理到发电并网的流程,加深对垃圾焚烧发电工艺和技术的了解,从而对生活垃圾的危害性以及对生活垃圾分类的必要性形成更直观、更深刻的体会,进一步增强保护环境的责任感和行动力;还可以鼓励学生积极加入志愿者服务队,多途径开展以垃圾分类为主要内容的宣传互动活动,宣传垃圾分类知识并对垃圾分类进行实操演练,由点到面进行推广,从而带动身边的家庭成员、社区成员参与并践行生活垃圾减量和分类行动。

垃圾分类是一项需要长期坚持下去的系统工程,需要学校、家庭、社会进行有意识的宣传引导、强化落实,久而久之,便可化为青少年践行环保的自觉行动。

第二章
生活指导

随着时代的变革,青少年生活的特征也发生重大转变,学校教育也要适应他们生活的发展变化。学校面对青少年所开展的生活指导开始从单一走向丰富、从说教走向引导、从理论走向实际。生活指导在教育中的必要性不言而喻,它超越了纯粹的知识教育,更注重青少年全面的成长和发展。

第一节 生活指导的目标及内容

现代学生所面临的挑战更加复杂和多元,这既反映了社会的进步,也揭示了教育环境和学生需求的深刻变革。现代社会中的竞争压力使得学生们面临着巨大的心理压力,他们需要在学业、社交、职业规划等多个方面取得成功,这要求他们不仅要有扎实的知识基础,还要有良好的心理素质和人际交往能力。为了应对这些挑战,学生们需要不断地提升自己的综合素质,学会如何有效地管理自己的时间和资源,如何与他人合作和沟通,如何应对挫折和失败。

一、学生生活指导的现状

笔者以中国知网数据库(CNKI)为平台,以"中小学生活指导"为主题检索词,对截止到 2023 年 12 月 31 日前的相关论文进行文献检索,共搜索到 31 条结果,并以此为对象进行分析。

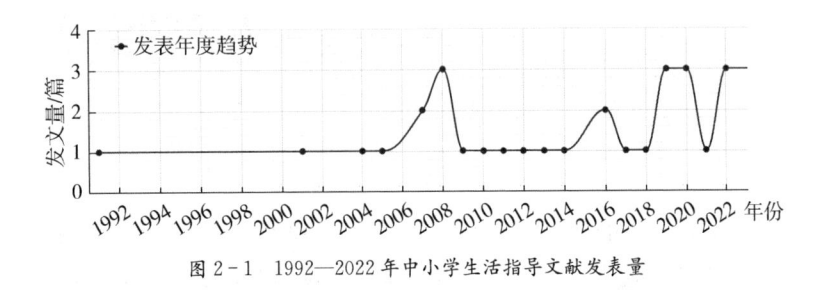

图 2-1 1992—2022 年中小学生活指导文献发表量

从图 2-1 可以看出,虽然近年来中小学生活指导的相关研究略有增加,然而相关的研究并不多,而且发文量不稳定。从图 2-2 和图 2-3 可以看出,生活指导更多存在于中等教育阶段学校的教育管理与研究中。当然,随着"学生成长导师制"的兴起与发展,生活指导也出现了多个维度的研究方向。与学前教育、初等教育、高等教育相比,中等教育中研究生活指导的更多,这或许与学生的寄宿制生活更多出现在此学段有很大关联。

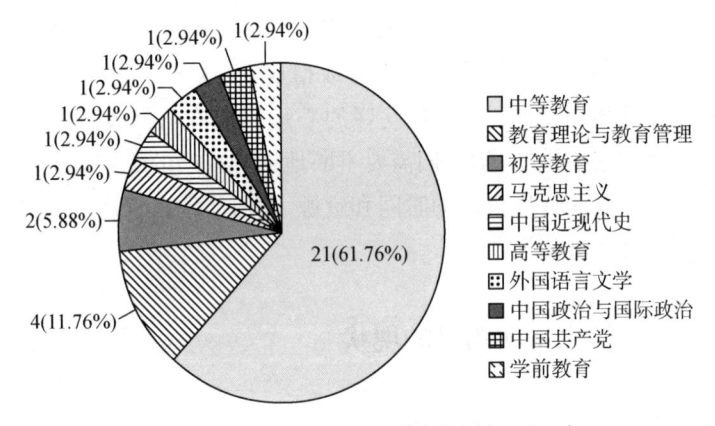

图 2-2 1992—2022 年中小学生活指导主题分布

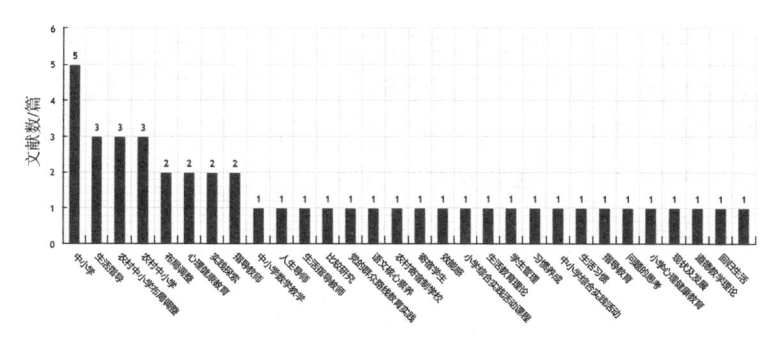

图 2-3 1992—2022年中小学生活指导学科分布

学校教育中有关生活指导的方面，无论是理论研究还是实践积累都少之又少，有两个可探讨的原因。其一，生活指导是一个很广域的范畴，在学校教育中，生活指导被客观地泛化为了德育，或者细化到了各学科学习，例如道德与法治、劳动、综合实践、心理健康等。其二，在学校教育中，繁重的学科教育使得指向生活技能、生活习惯、生活能力的学校教育指导被主观弱化、忽视了。其实，生活指导的重要性贯穿学生一生的成长，是其在小学、初中、高中学习中习得的非常重要的习惯与能力[1]。

在历史变迁中，教师面对学生开展生活指导时，指导的过程发生了显著的变化。这些变化反映了社会的发展、教育理念的更新以及学生需求的多样性。在传授知识和技能的教育阶段，生活指导大多基于传统习俗和道德规范，内容相对单一，且以说教为主。例如，教导学生如何尊老爱幼、诚实守信，以及遵守家庭和社会的规矩。这种指导方式更多地依赖于教师的权威和传统习俗的束缚。当教育开始强调个性发展和全面发展时，教师不再仅仅是知识的传递者，而是成了学生成长过程中的引导者

---

[1] 周立和.生活指导中班主任的服务新模式[J].班主任之友，2002(10):21-23.

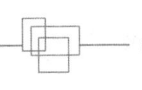

和支持者;生活指导的内容也变得更加丰富多样,涵盖了心理健康、人际关系、职业规划等多个方面。教师不仅会告诉学生应该怎么做,还会解释为什么要这样做,帮助学生建立正确的价值观和生活观。这样的指导方式不仅能够帮助学生解决实际问题,更能够培养学生的综合素质和自我发展能力。

二、学生生活指导的目标

1. 给予青少年身心健康安全的保障

生活指导在青少年身心健康方面具有重要的意义。它不仅是青少年全面发展的基石,更是他们健康成长的重要保障。

(1) 关注青少年饮食营养

班主任通过科学饮食教育,指导青少年选择健康的食物,平衡膳食营养,从而预防营养不良或过度肥胖。正确的饮食习惯能够确保青少年身体得到充足的营养,促进生长发育,提高身体抵抗力,为学习和生活奠定坚实的基础。

(2) 重视青少年体育锻炼

班主任鼓励青少年积极参与各类体育活动,通过运动增强体质,提升身体机能。适度的体育锻炼不仅有助于青少年的身体发育,还能缓解学业压力,提高心情愉悦度,培养青少年的团队协作精神和竞争意识。

(3) 关注青少年心理健康

班主任通过心理健康教育,帮助青少年认识自己的情绪,学会调节情绪,提高心理适应能力。面对学业、人际关系等方面的挑战,青少年能够更加从容应对,减少焦虑、抑郁等心理问题。同时,生活指导也鼓励青少年积极寻求心理支持,与他人建立良好的沟通关系,共同面对生活中的困难。

(4) 强调青少年生活习惯培养

班主任通过引导青少年养成规律的作息习惯,使其保证充足的睡眠时间,从而使得青少年能够更好地保持身心健康。

2. 助力青少年缓解学习生活压力

生活指导在帮助青少年应对学业压力方面起着至关重要的作用。通过一些方式方法的尝试,生活指导可以有效地帮助青少年缓解学业压力,促进他们的全面发展。

(1) 建立正确的学习态度和目标

家长、班主任、科任教师等都可以通过与青少年进行深入的沟通,了解他们的学习需求和困惑。在全员导师制背景下,每位教师都与青少年的生长发展息息相关,教师可以引导青少年设定合理的学习目标,并帮助他们理解学习不仅仅是为了取得好成绩,更是为了提升自己的能力和素质。这样的引导可以让青少年从内心深处产生对学习的积极态度,减轻对学业的过度焦虑和压力。

(2) 提供具体的学习方法和策略指导

针对不同学科和不同的学习阶段,老师或家长可以给出更具体的学习建议。例如如何制订学习计划,如何有效记忆,如何进行时间管理,如何进行信息筛选,如何避免低效学习,等等。这些方法和策略可以帮助青少年更加高效地学习,减少无效努力,从而减轻学业压力。

(3) 培养青少年的身心健康和自我管理能力

生活指导老师通过引导青少年进行适度的体育锻炼、保持良好的作息习惯、提供营养饮食建议等方式,帮助青少年增强身体素质,提高免疫力,从而有更好的状态应对学业压力。同时,教师通过生活指导,教授青少年情绪管理、压力应对等技巧,可以帮助青少年建立积极的心态,提高自我调节能力,更好地应对学业中的挑战和困难。

(4) 提供心理支持和辅导

当青少年面临学业压力时,老师和家长可以耐心倾听他们的烦恼和困惑,给予积极的反馈和鼓励。对于需要专业心理辅导的青少年,生活指导可以协助他们寻求专业的心理咨询或治疗,帮助他们解决深层次的心理问题,缓解学业压力带来的负面影响。因为有心理支持的存在,所以青少年遇到问题时有力量可以寻找,有方向可以前行,他们不会轻易地放大学习过程中的压力,反而会尝试多元方式解决遇到的种种问题[①]。

3. 价值引领青少年向阳生长

青少年处在价值观形成的重要阶段。生活指导鼓励青少年要从点滴小事做起,使社会主义核心价值观成为自己为人处世的基本遵循。他们在正确的受引导过程中认识世界、理解生活。生活指导通过提供有针对性的教育内容,帮助青少年树立正确的价值导向,培养他们的道德意识和社会责任感。

通过这些具体的方法,生活指导可以有效地帮助青少年建立正确的价值观,为他们未来的成长和发展奠定坚实的基础。同时,这也需要家庭、学校和社会的共同努力,形成一个良好的教育环境,共同推动青少年的价值观教育。

三、学生生活指导的内容

《中国学生发展核心素养》中有关于生活指导的表述是,培养学生拥有健康生活的自主发展能力,在认识自我、发展身心、规划人生等方面拥有良好的表现,能够珍爱生命,拥有健全人

---

① 孟婷婷.关于学校生命观教育的思考[J].北京教育(德育),2023(10):26-30.

格,能够自我管理等。针对核心素养中的发展目标,学校教育在开展生活指导方面,应该更多地关注以下这些方面。

第一,健康生活方式。确保学生有足够的运动和休息,鼓励他们保持健康的饮食习惯,以及教导他们如何处理压力和情绪。

第二,时间管理。督促学生制订合理的时间表,安排学习和休息时间,使他们能够高效地完成学习任务。

第三,人际关系。教育学生如何建立和维护人际关系,包括如何处理冲突,以及必要的沟通技巧。

第四,财务管理。指导学生如何管理个人财务,可以从制订预算、储蓄和消费观念等方面入手。

第五,个人发展。鼓励学生发展自己的兴趣和才能,提供机会让他们尝试新的事物和挑战自己。

第六,社会责任。引导学生关注社会问题,参与公益活动,培养他们的社会责任感。

第七,自我认知。帮助学生了解自己的优点和不足,鼓励他们自我反思。

第八,职业规划。与学生一起探讨未来的职业方向,提供相关的学习资源和实习机会。

第九,适应能力。告知学生面对变化和挑战时如何适应,提供支持和鼓励。

第十,法律法规。使学生了解基本的法律法规,遵守社会秩序和道德规范。

在学校教育中,生活指导的内容之多、维度之广,也决定了其开展过程中会面临诸多挑战。因此,单靠一个班级、一位班主任,加上学校里几位心理辅导教师,是远远满足不了学生成长的发展需求的。

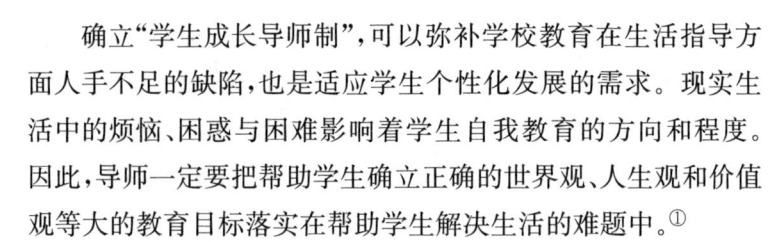

确立"学生成长导师制",可以弥补学校教育在生活指导方面人手不足的缺陷,也是适应学生个性化发展的需求。现实生活中的烦恼、困惑与困难影响着学生自我教育的方向和程度。因此,导师一定要把帮助学生确立正确的世界观、人生观和价值观等大的教育目标落实在帮助学生解决生活的难题中。[①]

对学生而言,交往冲突与生长烦恼的存在不容忽视。这些困扰并非孤立的,而是与学生的人生观、世界观紧密相连的。然而,由于这些抽象概念与学生日常生活存在一定的距离,学生往往难以发现其中的必然联系,进而产生逃避心理。为有效应对这一问题,成长导师在指导过程中需将人生导向功能的理念切实融入学生的生活指导之中。教师需密切关注学生在交往过程中面临的困惑,这是导致学生自我怀疑与自我否定的关键因素。若教师仅强调抽象的道德方向,而未能针对学生的现实生活困扰提供实质性指导,教育的效果将大打折扣,也难以触及学生的内心世界。教师需深入了解学生在生活中的尴尬、压力与恐慌,寻找品德发展的最佳契机。在此基础上,结合学生的实际生活情境,提供有针对性的指导与帮助。此外,成长导师还需着重培养学生的勇气与信心,使他们能够勇敢面对生活中的挑战。通过提供实用的方法与技能,帮助学生有效应对生活困扰与心理困惑,实现全面素质的提升。

生活指导,在于引导学生正确面对并解决生活中的实际问题,教导学生以积极、健康的态度去面对生活中的种种挑战和困难。在这个过程中,学生学会如何独立思考,如何做出明智的决策,如何与他人建立良好的关系,如何珍惜每一天的生活。

---

① 钱红梅. "学生成长导师制"研究 [D]. 上海: 华东师范大学, 2006: 55.

第二节　倡导健康生活

学校教育应先教会学生生活,再教会他们学会学习,让学生用积极的态度、良好的习惯面对生活、享受生活、正视生活。陶行知先生的生活教育理论告诉我们,生活伴随人生始终,如果能够积极投入到生活中去,就可以在生活的矛盾和斗争中去选择和接受"向前向上"的"好生活"[①]。生活决定教育,教育改造生活。健康是生活的出发点,也是教育的出发点。因此,引导学生在生活中收获健康、获得幸福感是教育的初心。

一、提升生活自理能力

生活指导在促进青少年身心健康方面具有重要意义。它关注青少年的饮食营养、体育锻炼、心理健康和生活习惯等多个方面,旨在为青少年提供全方位、多层次的身心健康成长环境。通过生活指导,青少年能够更好地认识自己、关爱自己,实现身心健康的全面发展,提高生活自理能力,照料自己的日常生活,提升处理日常生活琐事的能力,有效改善学生的生活态度、生活习惯和生活技能,更好适应社会发展的需要。

【情境案例】

新学期开始,班主任李老师在班级群里发了一张班干部岗

---

① 王露.诗意教育的生成:陶行知生活教育理论的哲学审思[J].教育理论与实践,2024,44(16):10-18.

位竞选表。为了调动积极性,让每位学生都能够有参与集体进行自主管理的机会,除了传统的班干部岗位之外,李老师还设立了"饮水机长""绿植养护长""讲台台长"等一共40个岗位。可是,开学至今两个多月,李老师发现教室卫生还是不太干净,卫生死角仍然很脏,有些同学的课桌椅还是乱糟糟,班级常规评比仍然不见起色。班级管理反而因为这些多增设的岗位而变得混乱。

【案例分析】

案例中,班主任李老师针对班级事务细致化分工,通过具体岗位工作来锻炼学生的自理能力,有积极的引导作用。而在具体实施中却出现"混乱"现象,也值得我们反思。

1. 科学看待出现"混乱"的背后隐因

日常生活中,"这个你还不行""等你长大了再说""你去学习,其他事不要你管"……类似的表达层出不穷。出于对学生的关注和爱护、怕孩子做不了或做不好而滋生出的包办代替的心理,正在消磨学生生活自理能力的培养。年幼的孩子要喝水,大人就把杯子递到了嘴前;读幼儿园时,给孩子收拾玩具;到了小学,给孩子收拾书包;到了中学,给孩子收拾房间……成年人的过分关注与过度照顾,"小王子""小公主"在集体生活中就非常容易出现混乱、脆弱、敏感的情况。如果班级中有不少这种缺乏自理能力的孩子,班级管理也会出现混乱的局面。

2. 岗位设置要符合学生成长规律与特征

在班级岗位设置上,也要充分考虑所在学段学生的发展特征与要求。例如,小学低年段学生要完成比较简单的个人物品整理与清洗、居室、教室等卫生保洁、整理与收纳,以及垃圾分类等劳动任务,参与简单的家庭烹饪,形成"自己的事情自己做"的意识,具有初步的个人生活自理能力;小学中年段学生养成良好

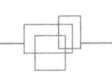

的个人清洁卫生习惯,认识常用家用器具,掌握其使用方法,具有家用电器使用安全意识和初步的保养意识,主动分担家务,协助参与家庭环境卫生清洁,能制作简单的日常饮食,初步学会简单的家务劳动技能,形成生活自理能力;小学高年段学生要掌握家庭生活中常用的清洁与卫生、整理与收纳等基本技能,了解家庭常用器具的功能特点,学会规范、安全地操作与使用,初步掌握基本的家庭饮食烹饪技法,制作简单的家常餐,具有食品安全意识,进一步增强生活自理能力和家务劳动能力,初步具有家庭责任感。

【方法策略】

1. 去繁就简,回归班级管理核心

班级常规管理需要区分个人区域与公共区域,合理安排学生自主管理的岗位。桌面、抽屉、桌椅周边、个人储物空间,都应是个人自理,自己负责。从早上到校整理书包、交作业,到课前准备、午餐午休,再到放学前记录作业、收拾书包,这些都属于个人内务。班主任与学生约定好自理的时间节点、规则规范,自己管理、自己负责,无须特地设置岗位进行监督,伙伴之间可以相互提醒、帮助、督促。[1]

集体生活的公共区域,需要大家分工管理,比如午间或是放学后的卫生打扫。而班级内的其他小事务,例如电脑管理、电器管理、图书角借阅等,则可以安排有意愿、有特长的学生负责管理。每位学生都需要先学会服务自己,再到服务他人、服务集体。如果学生都没有能力管理好自己的事务,却要去监督别人、

---

[1] 黄正平.立德树人理念下的班主任工作[M].南京:南京大学出版社,2019:121-125.

管理班级事务，会有点不切实际，反而会带来班级管理的混乱。

2. 重视教学，进行沉浸式体验

班主任利用劳动、综合实践、班会等途径，使学生形成正确的劳动观念，同时教授劳动技能。在不少学校，劳动只是出现在课程表里的一门课，而真正落实课程要求、开展好劳动课程的学校、班级并不多。最新版的《劳动课程标准》已经发布，一周一节的劳动课应该成为教师教授学生劳动技能、培养劳动观念和精神的重要载体。比如一二年级学习叠衣服，就要学生提前准备家中不同材质、不同款式、不同人群的衣物，进行现场演练，把自己又快又好叠完衣服的小妙招告诉其他同学；三四年级学习整理收纳，可以请班级整理"小达人"手把手教一教整理"困难户"，让他们学会整理课桌、储物柜，以及书包里的学习用品、书籍等。

3. 游戏竞赛，评价体系趣味化

开展"超级自理小达人""自理勇士大挑战"等竞赛闯关活动，让学生在竞赛中扮演不同的角色，如"自理小侦探""整理小能手"等，通过角色扮演来增强学生的代入感，提升学生的参与热情。设置一些需要团队合作的竞赛项目，让学生在合作中学会互相帮助，增强团队凝聚力。使用创意道具为竞赛增添趣味性，比如使用不同颜色的计时器、有趣的整理工具、宝藏家务神器等，让学生在比赛中感受到乐趣。最后，评选出"闪电整理侠""生活小能手""心灵手巧匠"等荣誉称号，让学生在游戏竞赛中，既锻炼劳动技能，又获得成就感。

4. 认领"班务"，增强班级归属感

通过参与班级的日常管理和维护工作，学生不仅能够培养自己的责任感和自理能力，还能更深入地融入班级大家庭，感受到集体的温暖和力量。列出班级中日常需要维护的"小家务"，如清洁黑板、整理图书、照顾班级植物等，确保班务内容既实用又适合学生的年龄和能力。鼓励学生自愿认领班务任务,并根据学生的兴趣和意愿进行分配。同时,建立轮换制度,确保每位学生都有机会参与到不同的班务中,培养他们的多样化技能。建立班务记录制度,记录每位学生的参与情况。对于认真完成班务任务的学生,给予适当的奖励和表扬,如班级积分、小礼品或荣誉证书,以激励他们继续保持良好的表现。定期组织家务分享活动,让学生分享自己在完成家务过程中的经验和感受。这不仅可以增进学生之间的交流和友谊,还能让他们更加珍惜自己的劳动成果。在日常教育中,要强调认领班级班务的意义和价值,让学生明白参与班务不仅是为了维护班级环境,更是为了培养他们的责任感和集体荣誉感。

5.家校协同,为之计深远

自理能力培养的过程中,家庭教育非常重要。家长首先要学会相信孩子,给予他们足够的正向的心理暗示:"你可以!""你能行!"其次,家长要学会从"要求者"变为"同行者",站在孩子的角度观察和把握孩子在每个成长阶段的"力所能及",积极支持孩子的每一步实践与探索。在与学校进行协同性合作时,家长要大胆放手,对孩子的锻炼行为不要过多干涉,不要打击孩子的积极性。当孩子在家中进行自我管理、自我服务,甚至是服务他人的时候,家长要给予足够的肯定与鼓励。

【拓展延伸】

小学生生活自理技能竞赛

(一)小学低年级组(1—3年级)

项目一:穿系鞋带

材料准备:参赛队员自备5孔或以上的运动鞋和一双拖鞋,

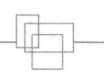

鞋带可拆分开。

比赛时间:3分钟。

比赛规则:在等待区将鞋带与鞋子拆分开,队员穿拖鞋拿好运动鞋和鞋带进入比赛区候场,听口令开始,穿系鞋带后穿上脚,跑步50米,敲锣完成记录时间,规定时间内完成后离场。

项目二:叠衣裤

材料准备:参赛队员自备长袖衬衫、长裤,秋款拉链式运动上衣、长裤各1套。

比赛时间:5分钟。

比赛规则:听口令开始,将每件衣服平铺拉直,按要求叠放,运动上衣参照衬衫叠法。完成后分类整齐摆放。

项目三:洗毛巾

材料准备:同花淡色中号毛巾1条(提前涂染污渍),脸盆1个,同品牌肥皂、洗衣液若干。

比赛时间:5分钟。

比赛规则:听口令开始,进行毛巾清洗。规定时间内完成后离场。

二、习得良好生活习惯

良好的生活习惯有助于青少年提高学习效率、增强自我管理能力,为未来的学习和生活奠定坚实的基础。我们通过科学饮食教育,指导青少年选择健康的食物,平衡膳食营养;鼓励青少年积极参与各类体育活动,增强体质,培养青少年的团队协作精神和竞争意识;引导青少年养成规律的作息习惯,使得青少年能够更好地保持身心健康。

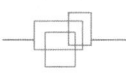

【情境案例】

　　小长假在即,课间班里几位同学开始分享他们的假期计划,他们认为假期是难得的放松时间,一定要好好"利用"一下。小王说,他的父母小长假要回老家,留他一个人在家,他准备约上几个好朋友,熬夜打游戏。小张说,她不喜欢玩游戏,但是最近出了几部新剧,熬夜追剧是个不错的选择。他们还对一天吃几顿饭展开了激烈讨论,有的说睡到中午,吃个"早午饭";有的说,晚上随便吃点,熬夜时再外卖点烧烤是"绝配"。

【案例分析】

　　埃里克·乔根森在《纳瓦尔宝典》一书中写道:"从本质上讲,生活的过程就是用精心培养的好习惯替换那些不经意间养成的坏习惯,努力成为一个更幸福的人。"不科学的饮食和睡眠,不但会引发多种健康问题,还会造成注意力下降等情况。

　　1. 解压的内在需要

　　当下,快节奏的生活频率给原本学习压力巨大的高中生带来了生活上的挑战。熬夜、不规律且不健康的饮食、沉迷手机网络等行为成为其情绪宣泄和压力解放的首选方式。生活中的不良习惯反而成了年轻人的潮流与时尚,也成了对抗压力的消遣新方式。

　　2. 选择方式的有限

　　在学生的社会交往中,"非现实性社交"是一种较为典型的现象。与同龄人共同追剧、打游戏等都是其社交的重要方式,但"度"把握不好往往会产生过度沉溺、有悖健康生活的准则等问题。随着学业压力的增加,学生的自主活动空间与交往圈子在现实生活中较为有限,在此情境中被局限在一室之内的假期计划也就不难理解。

3. 自律意识的淡薄

青少年本身就处于身心发展的重要阶段,出现自我调节能力不足,进而导致自律意识不强是其发展过程中容易出现的现象。尤其是在面对情绪波动、时间管理等方面的具体行为时,更容易出现"管不住"自己的情况。这些都需要成年人的及时关注与协助。

【方法策略】

1. 引导学生进行有效的时间管理

高中生确实面临着很多压力,要平衡学业、课外活动、休息和娱乐等多个方面的时间。有效的时间管理对于他们的成长和发展至关重要[1]。

首先,要让他们意识到时间的价值。每一分钟都是宝贵的,不要随意浪费。可以让学生制订一个日程表,将每天的任务和活动都列出来,然后按照优先级进行排序。这样,他们就能更清楚地知道应该先做什么、再做什么;还可以向学生介绍一些时间管理的方法和工具,如番茄工作法、时间块法等。这些方法可以帮助他们更好地分配时间,避免拖延,从而提高学习效率。

其次,要教他们学会设定目标和期限。有了明确的目标,学生就能更有动力去完成任务。同时,设定合理的期限也能帮助他们避免拖延症,让他们更加高效地完成工作。与学生一起制订学习目标,可以是长期的,也可以是短期的。例如,为即将到来的考试制订复习计划,或是为提升某个学科成绩设定目标。有了明确的目标,学生就能更有针对性地进行时间规划。

---

[1] 宋冰冰,周华.时间里面找空间——高中生时间管理心理辅导活动课[J].中小学心理健康教育,2024(14):33-35.

另外,要鼓励他们充分利用碎片时间。比如,在等车或者排队的时候,学生可以复习一下知识点。这样,不仅能减少无聊和焦虑,还能让他们更加充实。

2. 选择恰当的抗压与舒缓身心的活动

教会学生选择恰当的放松方式。人的精力是有限的,过度劳累只会降低效率。所以,在紧张的学习之余,也要让他们找到适合自己的放松方式,比如运动、听音乐或者和朋友聊天等。学累了就去运动,运动可以使人精力充沛,适当运动可以帮学生更好地进入学习状态。学习累了的时候,不妨放下手中的笔,出门跑一圈。养成锻炼的好习惯之后,学生会惊奇地发现运动能帮助自己改变很多不良的生活习惯。

3. 用好习惯替代坏习惯

有的学生喜欢熬夜学习到很晚,看似努力,实则只是感动自己,学习效率并不高。早上的时间最为宝贵,人的记忆力也最强。与其熬夜,不如早起。把握早上的黄金时间来学习,事半功倍。

早睡可以使人第二天的精神更好,学习效率也会提高。睡前玩手机的习惯一定要戒掉,因为睡前玩手机会让人兴奋,影响睡眠质量以及第二天的学习效率。青少年每天的睡眠时间最好是 8—10 小时,所以教师和家长需要督促学生每天合理规划时间,尽早完成课外作业,减少不必要的娱乐,早点休息。[1]

不少学生喜欢用喝饮料代替喝水,饮料往往含有过多的糖分和食品添加剂,长期饮用不利于健康。而白开水不仅能够补充水分,还有助于促进身体的代谢。学生可以在课桌上放置一

---

[1] 王琳,梁翠娇.洞察习惯奥秘,学习掌控习惯[J].中小学心理健康教育,2022(5):33-36.

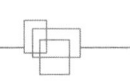

个水杯,可以利用手表的定时功能,在每个课间提醒自己喝水;可以购买大容量的水杯,设定每天喝水的总量;避免等到口渴时才喝水,口渴是身体缺水的信号,但当感到口渴时,身体其实已经处于轻度缺水的状态。因此,学生应该养成定时喝水的习惯,而不是等到口渴时才去喝水。

早餐能够让人一天的精神变得更加饱满,可以及时给身体补充能量。高中生课业压力大,为了早上能多睡一会,对待早餐往往是敷衍了事。有的学生会选择在路边摊随便买点,边走边吃,还有的学生甚至为了赶时间干脆不吃早餐。如果学生经常不吃早餐,不仅会营养不良、体质虚弱,还会注意力不集中,也提不起学习的兴趣。不吃早饭还会造成大脑能量供应不足,导致学生反应迟缓,从而跟不上老师的上课进度。

结束一天的学习时,学生不妨结合自己的日程回想一下:自己今天做了哪些?有什么收获?有什么做得不好的地方?比起之前有哪里需要改进?学生可以选择用思维导图的模式进行复盘,帮助自己更好地理清思路,加深自我认知。坚持复盘,会得到更快的成长。

【拓展延伸】

不要长时间戴耳机

虽然耳机方便了我们的生活,但是它对耳朵的伤害也是不容小觑的。长期戴耳机使耳朵持续受刺激从而得不到休息,容易造成耳膜受损、听力下降。经常戴耳机听音乐,还会造成注意力不集中,使学生的思维反应灵敏度及记忆力减退,有的还会出现烦躁不安、缺乏耐心等异常心理和情绪反应。长时间戴耳机收听声音较大的音乐,更不利于耳神经健康。在路上骑车戴耳

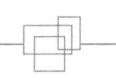

机会分散注意力,还容易发生意外。教师和家长一定要提醒学生,用耳机听音乐时,一定要注意减小音量,以柔和不刺耳为宜,而且不要长时间连续收听。每天使用耳机最好不要超过1—2小时,以间歇收听为宜。

三、养成劳动参与意识

劳动是推动人类社会进步的根本力量,人世间的一切幸福都需要靠辛勤的劳动来创造。但是在实际生活中,一些青少年却出现了不珍惜劳动成果,不想劳动、不会劳动的现象。

【情境案例】

为改变班里同学不爱劳动的坏习惯,李老师在征得学校同意后将班级所在楼层分为四个保洁区,由各组轮换负责,并将检查结果与期末评优挂钩。这种做法引起了班上不少同学的不满,他们私下里议论纷纷,认为楼层保洁都是由学校卫勤部门专人保洁负责,让学生承担实在是多此一举,学生来学校应该是学习,而不是来打扫卫生的。

【案例分析】

本案例中,班主任的劳动教育方案没有获得学生的认同,究其原因,主要有以下几点。

1. 从班主任角度看

活动组织缺乏学生立场。在活动准备上,班主任没有做好前期的教育铺垫,"一言堂"的方式难以获得学生心理上的认可,也难以激发其成长主动性;在活动设计上,班主任缺乏对学生劳动方面现状的调查了解,从自身经验出发设计了活动,脱离了学

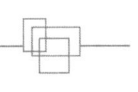

生实际;在活动评价上,方式单一,只重视结果性评价,忽略过程性评价,不能科学全面地反映学生在劳动方面的成长。因此,学生对此活动产生了抵触情绪。

2. 从学生角度看

"重智轻劳"观念依然存在。思想决定行动,学生不爱劳动,源于劳动观念的偏差,受家庭教育、群体氛围的影响。部分学生认为自己的主要任务就是学习,劳动是保洁人员的事,与学生无关,有的甚至认为脑力劳动优于体力劳动,不爱、不屑于进行体力劳动。

3. 从学校角度看

劳动教育缺乏整体规划。如何开展行之有效的劳动实践活动,提高学生对劳动的重视程度,是学校的重要任务之一。本情境中,学校在协助班主任开展班级劳动教育时,未做到统筹协调。在校园管理中,楼层的保洁工作应该责任到人,或外包,或分配给各班,如果再由某个班级的学生二次打扫,虽然用意很好,但难免显得随意,同时造成劳动力资源的浪费。当一个班级的学生出现不爱劳动的情况时,学校应该首先了解这是个体现象,还是群体问题,调查清楚后再决定采取何种措施,有针对性地提供劳动机会,组织劳动实践活动,进行劳动教育。

【方法策略】

针对以上原因,班主任可以采取以下策略引导学生正确认识劳动的意义,澄清学生对劳动的认识误区,提高学生的劳动能力。

1. 赋义——认同劳动价值

(1) 澄清误区,理解劳动

初中生的独立意识和理性思维能力不断增强,但是受自身阅历和知识面不足的限制,对事物的认识容易片面,在日常生活

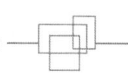

中难免产生价值观的偏差。学校的卫生虽然已经承包到人,但每一位学生都是校园良好环境的守护者,应该摒弃"事不关己高高挂起"的思想。学校是教育的主阵地,传授的内容不仅包括书本知识,还包括技能和品行习惯,特别是劳动技能和勤劳勇敢的品质。班主任可以召开班会,对"劳动和学习是否冲突""脑力劳动和体力劳动谁更重要"等问题进行讨论,在交流澄清中让学生走出认识误区。

(2)合理分工,体验价值

班主任可以设立班级小岗位,将班级各项事务分配到人,并举行聘用仪式,颁发班级"聘用证书",让每位学生有事可做;每月进行"班级劳动之星"的评选,班主任及时用镜头记录班级各方面常规的变化,让学生感受自己的劳动为班级和他人带来的改变;利用好成长档案袋,定期组织学生自评、互评,请家长、科任教师参与评价,发现学生各方面的进步,同时,引导学生正确归因,看到参与不同劳动给自己带来的收获,增加对劳动价值的认同。

(3)榜样示范,正向引领

班主任可以设计研学单,开展"职业体验"假期研学活动,让学生从自己父母的职业开始,了解不同职业的具体职责,知道社会的正常运转离不开每一位劳动者的责任和付出。在研学的基础上,利用家长、社会资源,寻找具有代表意义的榜样人物,如劳模、行业能手等,或邀请他们到班级现场交流,或录制视频后向学生播放。班主任还可以组织开展和劳动价值有关的主题班会,学生分组收集到的社会中典型人物的事迹,特别是"大国工匠"们的事迹,在班级开展工匠人物事迹演讲,让学生感受劳动者的伟大人格,在班级营造劳动最光荣、劳动最伟大的氛围,增强学生对劳动的认同感。

2. 赋权——唤醒劳动自觉

无论从学校还是班级出发,设计组织的劳动教育活动都需要回归"生本位",以学生为主体。

(1) 要赋予学生自主探究和发展的权利

班主任在开展活动之前,可以先召开班委会,了解班级学生对劳动认识的整体情况;接着发挥班干部的自主能动性,由他们在学生中调查了解、筛选问题,给出活动建议;再由班主任联合班委设计几个劳动活动,在班级中充分发挥民主的作用,征询同学们的意见加以改进,最终形成活动方案。在此基础上形成的劳动活动方案,符合学生的认知,得到学生的认可,这样才能激发学生主动参与的热情,激发成长内驱力。

(2) 要允许学生试错和犯错

活动的开展过程也是学生动态成长的过程,如果一切按照班主任给出的计划进行,不允许出现任何偏差,那么活动就容易进入"形式化"的误区。因此,活动开展过程中,班主任要正确看待突发情况,哪怕出现不同声音,也要及时回应,认真倾听、耐心解答。例如,在劳动小岗位制的施行中,学生虽然是自主选择,但是这项劳动任务在完成过程中可能会出现各种突发情况,以班级图书管理员为例,看似简单的工作,实则会出现借书不还、随意摆放、毁损破坏等情况,学生在初次应对时难免会状况百出,这时班主任就要沉得住气,尽量做到不评价、不指责,给予学生必要的指导,引导学生发挥主观能动性,鼓励其不断思考方法进行改进,调动其主动性,从而唤醒劳动自觉。[1]

3. 赋能——培养劳动习惯

培养学生热爱劳动的好习惯,不仅需要从思想观念入手,更

---

[1] 檀传宝.劳动教育的本质在于培养劳动价值观[J].人民教育,2017(9):45-48.

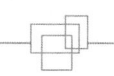

要提高学生的劳动技能水平,这就需要家校携手、通力合作,力求让学生掌握新的劳动工具和劳动技术,增强劳动教育的时代性。支持学生尝试学习新方法,打破固有思维,提高劳动的效率,增强劳动的成就感和荣誉感。

(1) 分年级,定目标

作为班主任,可以从起始年级开始规划学生的劳动教育,同时根据不同年龄段学生的特点选择不同难易程度的劳动,携手家长共同教育。[①] 以初中的家务劳动为例,初一学生应掌握简单的烹饪技巧,如家常炒菜的制作,能够从挑选常见食材开始,掌握洗、切、整理、烹制的整个流程;初二年级学生则可以在此基础上增加烹饪的难度,在保证安全的前提下运用煎、炸等方式制作较为复杂的菜式,同时学会使用家中的厨房小家电。劳动分级目标的制订有助于学生保持对劳动的热情,让学生的能力实现阶梯式增长。

(2) 勤交流,多指导

定期的反馈和展示可以增加学生劳动的自豪感,增加内在动力。班主任可以在班级里开展"劳动技能比拼"活动,进行拖地、擦玻璃、擦黑板等项目的比赛,邀请家长代表担任裁判,并进行劳动经验的交流。邀请家长走进课堂,介绍新型实用的劳动工具和劳动技术,让学生感受科技的力量,掌握现代劳动技能,转变劳动就是"干体力活"的观念。除此之外,班主任需要加强过程中的跟进,利用班级周记或家校联系本,了解孩子在家劳动的状况,及时鼓励反馈,让学生的劳动"习惯成自然"。

---

① 章振乐.学校劳动文化建设的价值追求与实践路径[J].创新人才教育,2021(3):22-25.

第三节　调整生活状态

教育改革家魏书生说:"健康的身体,是灵魂的客厅。病弱的身体,是灵魂的监狱。"一个人想要拥有一副健康的体魄,唯有站上跑道开始运动。让青少年养成运动的习惯,才是我们给予他们最好的礼物之一。

一、培养学生运动的主动性

《关于加强青少年体育增强青少年体质的意见》强调,广大青少年身心健康、体魄强健、意志坚强、充满活力,是一个民族旺盛生命力的体现,是社会文明进步的标志。同时,我们对新一代建设者的体质健康提出了体现时代特征的新要求。若要培养身心健康、体魄强壮、富有社会责任感、实践能力强、勇于开拓创新、身心全面发展、具有现代文明的新时代少年,就不能没有一流的体育精神。

【情境案例】

学期结束,体育老师布置了假期运动打卡计划,班级里一片哀号,体育委员小王也跟在后面起哄,并怂恿身边几个男生大声喊着"我们要抗议,我们想躺平"。体育老师详细阐述了假期运动的好处,班级同学不为所动,体育委员小王更是直接表达了想法:"难得放假,我们想好好休息,爸爸妈妈也不运动,身体不照样好好的,凭什么就让我们天天跳来跳去啊?"

【案例分析】

运动对学生的身体和心理发展都有促进作用,从体质到情绪,从学习到品行,从培养良好习惯到增进亲子关系,运动在各个方面影响着学生的健康成长。然而,随着年龄的增长,越来越多的学生开始不喜欢运动,甚至抵抗运动,提到运动就会生起抵触情绪。

1. 安逸生活催生"躺平"心态

随着人民生活水平的快速提升,让学生在无忧的环境中快乐成长成为很多人的共同愿景。但是,运动是需要付出时间与体力的,是需要在过程中磨炼意志品质、吃苦流汗的。在吃苦流汗与安逸躺平中做一个选择的话,安逸的生活方式将是更多人的选择。

2. 兴趣缺失滋生"抗拒"心理

兴趣是学生最好的老师,当下的快节奏生活与学业质量增长需求的攀升,减少了学生尝试形式丰富的运动类型的空间与机会。与此同时,在电子设备充斥的现代生活中,学生的注意力更容易被声光电所吸引,就更加减少了对运动的主动性。越少接触,就越难体验运动带来的快乐与益处。而在中小学开展体育教学,培养体育精神,养成运动习惯,绝不仅仅是发展学生的速度、灵敏、力量等,在一定程度上,更重要的是培养学生的责任心、耐挫折、抗压力、团队合作力等品质。

3. 负面榜样助长"不动"状态

运动习惯的培养也与身边"重要他人"的影响分不开。从情境中体育委员小王的反馈来看,大人的以身示范作用并没有体现。如果将命令式的运动任务布置转化为亲子运动的高效陪伴,其结果将是另一种风景。同时,还应关注到体育老师阐述的关于假期运动的种种好处并没有得到同学们的认同,从另一个

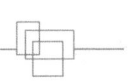

角度反映了日常教学中运动强体的意识在学生间并没有达成共识。协同育人的过程中,家长和教师的育人理念没有达成一致,家长缺少榜样示范,学生彼此观望,假期运动成了一个形式。

【方法策略】

1. 家校协同催生体育锻炼落地开花

(1) 形式"变脸"

学校可遵循各年级学生年龄特点,设计出一份基础性体育项目清单,明晰每个项目训练的价值、对应的指标,要求学生每天自主选择其中的一至两项重点练习,确保在一周内所有项目都至少进行过一次训练,力量、耐力、柔韧性三个维度均有涉及。同时,鼓励学生在确保安全的基础上,根据自己的爱好、特点,创新训练形式。这样的"变脸"形式,成了学生兴奋交流、彼此分享的"热点",班级群空间搭建分享展示平台,鼓励学生主动尝试、不断创新,投入锻炼也就有了动力。

(2) 家庭"协同"

家人参与到学生的锻炼行动中,成为运动伙伴、助手,学生就会感觉不孤单、有力量。因此,假期体育作业设计中可以鼓动学生发起"家庭总动员",或给家人当"教练",用自己的示范、讲解吸引爸爸、妈妈一起动起来,或举办家庭小擂台,家人间开展单项小比赛。同时,教师在每学期结束前夕,通过家长会、家长群等大力宣传,让家长主动与学生同行,或成为运动时的搭档,或成为竞技中的对手,或成为过程中的激励人。渐渐地,家庭里的体育锻炼氛围浓了,学生也在家人的陪伴中真切感受到强身健体的重要性。

(3) 显性"数据"

开学第一周各班均可进行成果展示,用数据观照锻炼效果。

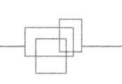

激励学生自我挑战,月测成绩优秀的项目,记一枚奖章,学生再自主选择另外的项目,开启新的挑战,最后比比谁的奖章多,达到数量的,综合评定时还可以加分;学校相关部门可以在校园多个开阔场地设置"小擂台",摆放相关器材,鼓励学生休闲时进行伙伴挑战赛,获胜者将成绩记录到"校园吉尼斯挑战榜"上,再迎接新的挑战者;在学生集会时,定期进行单项运动展示,让全校师生目睹相关学生的运动风采。

2. 落实双减政策,保障体育锻炼时间空间

面对青少年缺乏锻炼动机问题,首先要建立全面发展教育观,通过学校、家庭、社会等多方面协调配合,共促体育意识与习惯的形成。

(1) 减轻课业压力

学校教育应以"双减"政策为依托,切实减轻中小学生课业压力,保证运动时间,促成学生的良好运动习惯。部分中小学视升学率为生命线,学校过度追求升学率必然会引起多方面的不良反应。有学校甚至肆意变更体育教学计划,压缩体育课时,造成中小学学校体育课程"逐渐滑向教育管理的边缘"的趋势,体育课程在面对所谓主科科目以及考试科目时,不得不有所退让,久而久之,轻则会对中小学生掌握体育知识、基本技能和正确方法形成阻碍,重则会造成学校体育课程的目的与意义不复存在,学生体质逐年下降。

(2) 创设生动的教学情境

体育课堂教学应选择符合中小学生核心素养发展需要的、能够激发学生兴趣的教学内容,创设生动的教学情境,运用中小学生易于接受的方法和手段,提高中小学生体育参与兴趣,吸引中小学生主动参与体育活动,并养成自主锻炼的行为习惯。教师可在教学中引入体育精神典范,建立起精神信仰,做到体育精

神的内化。

（3）构建校园全域运动氛围

中小学生体育学习环境包含校内学习和校外学习，校内体育学习以学校为主导，校外体育学习以家庭和社区为主导，三方需要共同引导树立健康态度，打造全域育人环境，促成以积极主动参与体育运动为标志的育人方式。班级可以开展班会课，让学生充分认识到运动对个人发展全面赋能；学校可以开展以运动周为主题的趣味校园文化活动，让学生在浓厚的体育运动氛围内爱上运动、享受运动。

3. 积极调动促进体育锻炼有利资源

（1）班主任：成长中的"重要他人"

班主任作为整个班集体的管理者，与学生的体质健康水平有着密切的关系，学校应充分调动其积极性，让班主任也参与进来。学生的体育锻炼热情不仅仅从课堂激发，平时的班级生活、班级的文化宣传、班级的氛围营造、学生之间的朋辈交往均能让学生潜移默化对体育锻炼产生强烈的兴趣。

（2）体育教师：最好的榜样示范

体育教师是课程的建设者与实施者，教学质量的高低直接关系着学生的体质健康水平，所以由内而外地激发体育教师工作热情，提高学校体育课程教学质量显得尤为必要。

体育教师根据不同学生体质的状况因材施教，合理加大运动负荷，开展差异性教学，磨炼意志，增强学生直面困难与不畏失败的意志品质，进而提升中小学生体质健康水平；树立学生在教学过程中的主体地位，加强师生间相互沟通。应充分考虑到学生的主体地位，并充分发挥教师的主导性，引导学生积极参与到课程中，选择丰富教学内容，使用灵活的教学手段，进而提高体育教学效果和体育教学质量；并根据学生喜好，开展多种多样的学生群体活动,引导学生参加课外体育活动,保证学生在校时间的运动量。

(3) 同学伙伴:强身健体手牵手

课间休息时间,同学之间可提供一些趣味性的体育锻炼游戏供彼此选择,特别是一些不太受地点限制的活动,比如集体跳长绳、踢毽子、扔沙包或棋类活动等。班主任可将学生分成各个体育兴趣小组,定期举办组内竞赛和小组比拼,不仅避免了课间追逐的风险,也丰富了学生的课余生活。

二、提升学生健康的审美能力

青春期是学生成长过程中的一个特殊阶段。在该阶段,学生在生理和心理上都会发生转变,他们对万物充满好奇。但是学生由于生活阅历的缺乏,知识面的狭窄,以及感受美的能力的肤浅性,往往不能正确进行追求美的取舍,缺少健康的审美能力。[1]

【情境案例】

伴随创建书香班级活动的开展,同学们读书的热情很高。可是不久老师们发现,同学们阅读的内容令人担忧。这天中午,班主任来到教室,看到有几个男同学在看带有暴力色彩的漫画书,女同学在看言情小说。

【案例分析】

案例中班级的阅读风向恰恰反映了当下学生成长中关注的

---

[1] 陈东辉,王宇婷.泛娱乐主义思潮下青年审美能力的隐忧与解决策略[J].理论导刊,2022(8):91-98.

方向。自媒体时代,许多学生成了网络小说、二次元漫画的狂热爱好者,个中缘由值得探讨。

1. 通俗易懂,方便易得

网络文学作为一种新兴文学样式对学生有较大的吸引力,已经大面积地渗透进学生的日常学习生活中。女生沉迷于言情小说,借此抒发自己对这种朦胧情感的向往。男生向往二次元漫画,角色投射幻想自己在故事中披荆斩棘。自媒体时代,繁杂的资源精准指向懵懂少年,朋辈间的互相影响,让社会热点,尤其是一些低俗的内容"炒作"出来的热点能在短时间内就成为学生群体间争相讨论的话题。网络小说传播的途径既迅捷又全面,连载的剧情能迅速以纸质文本的形式呈现在学生面前,学生手中捧着的漫画、小说已然成为一种"快餐式"的消费品,读起来毫不费力。

2. 角色代入,满足幻想

言情小说、武侠小说、二次元漫画等题材非常丰富,除了魔幻类、穿越类外,也不乏现实题材的作品。懵懂情愫,有言情小说可追;考场失意,有逆袭文可看;交往受挫,有励志文可解。网络小说中的人物并不高大全,大部分人物在起始时也并非精英,但他们无一例外都能实现惊天逆袭,取得世人眼中所期待的成功,这在某种程度上迎合了学生对自身未来发展的期待。

3. 超越现实,短暂逃离

学生在现实中茫然失措、感到无意义时,便会在虚拟世界中寻找价值和归属感,二次元、游戏、网络小说都是他们关注的对象。"双减"背景下,育儿焦虑有增无减,升学压力、择校压力像座高山压得学生喘不过气。无论是对于学生的学习还是成年人的工作来说,"卷"都已然成为常态。便捷的快餐式阅读通过穿越、玄幻、暴力、浪漫等特殊的主题和新颖的创作手法,可以使学生脱离实际生活场景,打破现实束缚,跟随故事情节,得到精神上或者情感上的释放和解脱。

【方法策略】

1. "好"读书,鼓励青少年享受阅读

(1) 优化阅读环境

学校从集体晨会、主题班会、游园活动、校园文化建设、阅读墙报展览等全方位指导各年级、各班级积极投身高品质阅读氛围的营造,加强顶层设计,以"书香校园"建设推进学生徜徉阅读海洋。一方面,以教育部门官微为宣传矩阵,推出系列活动,营造浓厚读书氛围,引导学生爱读书、读好书、善读书,培养学生良好的读书习惯。另一方面,面向全体学生,举办家庭阅读、主题演讲等多项阅读活动。多维联动,让每一次活动生长在学生的心坎上,多措并举推进学生积极阅读,实现校、家、社和谐共育,促进其健康成长。

(2) 强化科技支撑

学校要强化科技赋能,借助中小学生阅读管理系统,为不同年级、不同阅读能力水平、不同阅读兴趣的学生提供个性化阅读指引。学校图书馆的数字人引导、校园 AI 互动墙、公共阅读区好书推荐等方式助力学生阅读的深度、广度得以拓展延伸。学校形成以图书馆为主,以楼道漂流角、班级阅读角、走廊朗读亭、书画墙、海报屏等为辅的线下阅读空间,让书香校园潜移默化熏陶学生的阅读兴趣。

(3) 联结分级阅读

学校可以成立由骨干教师领衔、年级组长任顾问、语文教师组成的学生分级阅读研究工作站,聚焦青少年阅读兴趣开展实践研究。推荐阅读书籍真正助力学生生长,同时又契合青少年当下身心发展需求,对标青少年兴趣爱好,针对性更新阅读推荐书单,以整本书阅读、主题阅读、阅读漂流等形式让学生形成"常读常新""越读越欢喜"的阅读样态。

2."慧"读书,助力学生精准阅读

(1) 和谐关系面对多彩青春

中学生自我意识唤醒,他们渴望被平等对待,尝试着从阅读中找答案,从阅读中借智慧。此时,教师和家长要做他们成长过程中思想的引导者,帮助学生在青春期有所成长,努力培养沉稳的品质、养成高雅的阅读习惯,在谈话中提升思维品质,助力其树立正确的人生观和价值观。班主任可以围绕书中的实际抛出问题:"这本书哪些地方让你觉得很有意思""你觉得自己有什么方法可以来解决这个问题""我可以为你做什么"……让班主任的提问慢慢进入和青少年共情的状态,进入可以沟通的情境。教师和家长要能敏锐地感知到并理解孩子的真实情感,进而学生也会放下戒备,主动在我们面前表达自己的情感和感受。

班主任可以通过主题班会或心理课引导学生正确认识这些变化,了解产生变化的原因,消除学生心理上的羞涩和疑虑;在平时的教学与交流中也要流露出对学生的关爱,让他们坦然面对青春期。班主任要和学生一起努力营造积极向上、团结友爱、自尊自强的班风班貌,通过丰富多彩的班级活动,帮学生释放压力和不良情绪,潜移默化地转化其心理逆反,引导学生正知正见、正念正想,增强教育效果。在此过程中,班主任可以和学生共同受益,共同成长。

(2) 正确引导才是沟通良策

有老师和家长认为,言情小说、暴力小说等就是学习成绩的毒药。很多学生其实对言情小说、耽美小说等类型名称并没有具体概念,他们也没意识到自己在看某类小说,只是被网上推荐

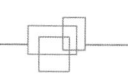

的故事情节、朋友圈里的广告推荐所吸引,或者只是想作为跟同学交流的一种谈资。此时,家长和教师不应该将学生的"非常规路线"阅读看作是"洪水猛兽",学生正值青春期,他们对新奇事物有向往,这是正常现象。很多学生进入初中、高中后,开始去抽烟、打架、迷恋手机游戏,一言不合"操场约见"。大多数情况下,他们只是想向社会证明"我是成年人"。但从成年人角度来看,他们不成熟、不懂事,无法控制自己。

普遍情况下,当家长发现孩子阅读言情小说时会制止孩子,尤其高中阶段,家长发现孩子学习不够专注时会勃然大怒、厉声斥责,或是直接没收小说,然而这样并不能从根本上解决问题。与其争吵伤害亲子感情,不如坐下来和孩子好好谈谈,与孩子平等交流,晓之以理、动之以情,引导孩子往正确的方向发展。孩子在小的时候并不能清晰地判定自己的阅读喜好,所以可以选择泛读,在普遍阅读中寻找兴趣点,后期家长再协助孩子按喜好筛选。但需要注意的是,无论阅读什么书籍都应适度,这也是在锻炼孩子懂得把握尺度与分寸感。同时,家长可以进行陪同阅读,或者共读一本书,让阅读内容可控,阅读范围可把握,家长与孩子一起接受文化熏陶。

很多家庭中,父母与孩子之间的话题甚少,尤其当孩子进入青春期后,对未知事物的探索欲会更强烈,所以与其用躲避的方式处理,不如大大方方沟通,利用家庭会议、亲子对话、睡前沟通等方式,让孩子正确、客观地接受与理解。发现孩子出现认知偏移时,及时调整航向,在潜移默化的影响中,孩子自然会拥有正确的价值观念。家庭是亲子对话最好的场所,高中生学业压力较大,学生难免会寻找一些渠道放松自己,阅读各类小说成了一种放松的渠道。不回避问题,对话探讨也是家庭容易展开的方式。家长可以和孩子聊聊书的内容,不评判,引导孩子思考判

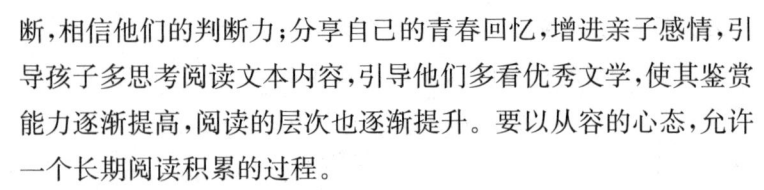

断,相信他们的判断力;分享自己的青春回忆,增进亲子感情,引导孩子多思考阅读文本内容,引导他们多看优秀文学,使其鉴赏能力逐渐提高,阅读的层次也逐渐提升。要以从容的心态,允许一个长期阅读积累的过程。

学校是青春期学生身心成长、社会交往、情感发展的重要场所,学生在这里不仅能获得知识、技能,更重要的是学校为学生培养正确的价值观创造了可能。面对学生的人格完善的重要时期,学校可以通过学科融入、主题活动、理论指导等形式,给予青春期学生更多认识成年社会的机会,给他们一把衡量和调制成年世界的标尺。

【拓展延伸】

纪录片推荐:《但是还有书籍》

内容简介:本片以书为题材,力图在阅读多样化、碎片化的当下,记录这个时代形形色色的爱书之人,捕捉和书有关的那些精彩故事。它希望以新鲜有趣的视角和故事,点燃观众对于书的热爱,为人们提供一份在快时代里的阅读指南。

推荐理由:人,需要慰藉,需要一个可以寄托的角落。书籍从它诞生那天起就肩负着让人阅读的使命,也承载着作者的思想。阅读一本书,就是通过文字媒介的引领,穿越时间的枷锁,让读者可以和作者面对面交谈,或是为我们打开一扇窗户,让我们可以窥见不同的生活。书,是一座随身携带的避难所,让我们在这个世界以外,还可以拥有无数个平行世界。

三、引导学生积极的偶像崇拜

偶像崇拜是中小学生成长过程中大概率会经历的阶段,是心理由不成熟向成熟转变过程中的伴随现象,是一种特殊的社会心理现象。泛偶像时代,由于社会环境复杂和青少年身心发展不成熟,中小学生常常会陷入偶像崇拜的误区。①

【情境案例】

小王同学喜欢唱歌跳舞,极其崇拜一位唱跳娱乐艺人,还理了和偶像一模一样的发型。课余时间,小王经常和同学谈论自己的偶像,谁要是说他的偶像不好,小王就会用言语攻击对方,甚至多次动粗。久而久之,同学们渐渐与他疏远,他的学习成绩也不断下降。小王妈妈为孩子的狂热行为而烦恼,主动向班主任求助。

【案例分析】

作为尚未成熟的个体,中小学生在成长过程中需要寻找学习和生活的导师、榜样、知己;需要寻找自己能够认同,同时又能理解自己、引领自己的"重要他人"。案例中狂热的小王同学把崇拜的偶像当作自己追随的榜样,这种情况也是大多数青少年必然经历的阶段,我们应当理性看待青少年的此类行为。

1. 偶像崇拜的合理归因

一是缓解压力,崇拜娱乐艺人是青少年情绪舒缓的出口。二是角色认同,偶像在青少年心目中既是理想的自己,又是未来的自己,崇拜偶像是青少年对理想人格自我投射的认同过程。三是情感需要,学生步入青春期前期,开始追求"做自己",偶像的存在让他们的情感有了寄托。四是从众心理,青少年的从众

---

① 吕鹏,张原.青少年"饭圈文化"的社会学视角解读[J].中国青年研究,2019(5):64—72.

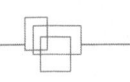

倾向明显,群体的价值观念、行为规范潜移默化地影响着他们的社会化发展。[1]

2. 偶像崇拜的尺度把握

青少年偶像崇拜往往会诱发非理性行为,甚至会出现极端追星的案例,这样的事层出不穷。如何理解青少年"偶像崇拜"的心理,引导青少年"偶像崇拜"的行为走向正轨,树立"偶像崇拜"的榜样,值得教育者深思。

【方法策略】

崇拜偶像是青少年在业余生活中重要的话题,也是他们之间最常用的语言之一,是他们融入群体的一种手段。青少年性格活泼、爱唱爱跳,周边能聚集一群志同道合的小伙伴,欣赏、追逐、崇拜偶像逐渐成为青少年生活中的一道风景。

1. 心态平和

2021年5月,《中国青年报》一项针对全国青少年的调查结果显示,将袁隆平、吴孟超等科学家视为人生偶像的受访青少年超过90%。这个结果让人振奋,青少年的偶像崇拜变化既是成长趋势,又是必然结果。

班主任、家长作为青少年成长中的"重要他人",应为青少年提供更多元的崇拜对象。挖掘影响青少年价值观塑造的偶像行为品行、对青少年正确价值观建立起正面导向作用的偶像行为等,都是家长和班主任可以探索的方向。崇拜"失格"偶像,会误导青少年在道德意识模糊、行为举止容易走极端。[2] 作为教育者,我们需要做的是将多元多维的偶像群体以学生喜闻乐见的

---

[1] 何小忠.青少年偶像崇拜与教育[D].苏州:苏州大学,2005:52-61.
[2] 马赫.明星偶像崇拜的失范与重构路径研究[D].长春:吉林大学,2020:218-220.

方式呈现。走进不同类型的偶像,让他们的选择更丰富更多元,让偶像成长的事迹、拼搏的精神、坚持不懈的态度点亮他们的青春,同时,关注学生成长中的心理需求,让亲子沟通、师生沟通、生生交流更顺畅。

2. 换位思考

合理的偶像崇拜是学生自我同一性的需求,有助于学生自我意识的萌发,为进入成年角色做好准备。如果此时的学生正处于被溺爱或者缺爱的家庭育人模式之下,那么他的精神生活、情感世界、价值观培养往往容易被忽视,亲子之间缺少有效沟通,所以学生需要寻找亲情之外的情感替代物。

偶像崇拜既然是成长过程中大多数学生要经历的过程,无法回避,那么堵不如疏,班主任和家长主动参与到学生的"追星"过程,敢于和他们谈偶像、聊"爱豆",不要三缄其口。家长在与孩子的交流讨论中,既融洽了亲子关系,又能疏导其对偶像的认知,调控偶像崇拜行为,帮助孩子找到内在偶像需求与外在崇拜行为的平衡,让偶像崇拜行为适度、合理、健康,并将偶像逐渐转化为其学习的榜样。

3. 循循善诱

偶像崇拜,在某种程度上丰富了青少年的生活,但各种负面影响也随之而来,这就像一把双刃剑,教育者需要了解青少年的成长需求,了解他们内心的情感投射,但需要娓娓道来、全面引导。引导青少年从偶像身上学习有利于自身发展的因素,善于将偶像身上的高尚品质、人格魅力、精神内涵具体化、形象化,遵循青少年行为模仿与养成的规律,发挥青少年的主体性,多维度地引导青少年从偶像身上学习有利于自身发展的因素。[①]

[①] 李祖超,邵敏.青少年榜样教育困境与策略分析[J].中国教育学刊,2011(1):80-83.

4. 氛围营造

班级学生课间三三两两聚集在一起交流各自追随的偶像，因为观点不一致，学生之间引发冲突。平时的班级文化建设过程中，班主任是否有意识地进行过引导？学生群体日常关注的话题圈班主任是否了解？

小王偶像崇拜的问题应该不是个例，只是他以极端的方式暴露在了家长和班主任面前。如何以这类事件为契机去重构班级文化建设，引导学生在不荒废学业的基础上追星，避免非理性消费及亲子冲突、师生冲突等都是值得深究的话题。班级氛围营造是一门隐性课程，是一种潜在的教育力量，是一种无形的教育，是一种"教育存在"。借助这种"存在"，引导学生的偶像选择，也是让偶像崇拜合理化的有效途径。

【拓展延伸】

影视作品推荐：《理想照耀中国》

《理想照耀中国》采用系列人物短剧的形式，以不同时期的40组人物与闪光故事，记录中国共产党诞生一百年以来团结和引领中国人民，高擎理想和信仰火炬，谋求民族独立、人民解放、国家富强的动人征程。

人物组图故事大多改编自真实生活与历史，追求"理想"的闪光瞬间令人动容，易于学生理解接受。相比当下的"明星"潮流，历经历史考验的先辈的真实人生事迹在大屏幕的投影下能更生动地走进学生的心田，并产生震撼人心的力量，激励学生以年轻态书写百年征途上理想者的接力。

第四节　调节人际交往

人际交往能力是学生在拥有自我认知后,为了能更好地与他人交往而学习的社会交往技能,如沟通力、同理心、合作力、抗逆力、情绪处理能力等。人际交往能力的习得也是学生成长过程中一个至关重要的任务,由于各个年龄阶段人际交往的侧重点不同,如何与他人建立紧密的联系,这也就意味着学生在不同的阶段可能会面临不同的挑战——比如是否合群,如何与长辈相处,怎样处理同伴间的冲突,如何把握异性交往的尺度等。[1]班主任和家长在学生的人际关系处理中扮演着关键的角色,他们的引导和示范对学生的人际关系发展会产生深远影响。因此,正确引导学生处理人际关系的重要性不言而喻。

一、信任关系有分寸

自我和谐是指自我内部的协调一致以及自我与经验之间的协调,是一个人的自我观念中没有冲突的心理现象,个体有着维持各种自我知觉之间的一致性以及协调自我与经验之间关系的功能,当意识中的自我概念与实际经验产生分歧时,个体就会体验到人格的不协调状态,容易产生不信任感。

【情境案例】

最近,班长小慧成绩下滑严重,情绪也很低落。原来,她从

---

[1] 李丹.影响儿童亲社会行为的因素的研究[J].心理科学,2000(3):285-288.

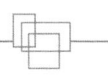

小王口中得知，自己的闺蜜小玲在背后说自己的坏话。平时，她也经常看见班级里表面上相处很好的女同学，背地里却相互诋毁，女生之间的"塑料友谊"让她失去了对他人的信任，她感觉小学六年的相处，同学之间没有真情实感，自己也没有能说真心话的好朋友，她每天都生活在敏感多疑的氛围中。长此以往，小慧的成绩逐渐下降，情绪也消沉低落，她陷入了深深的自责之中，觉得这样的状态对不起疼爱她的父母。

【案例分析】

该情境反映了学生在人际交往中因信任危机而产生的自我不和谐现象。这种现象在学生群体和社会成员中比较普遍地存在着，导致这种现象的原因主要有以下几点。

1. 人际环境不良

在小慧的认知里，朋友应该是纯粹的，彼此相处应该是坦诚的。但她"经常看见班级里表面上相处很好的女同学，背地里却相互诋毁"，此时小慧的自我认同感和稳定感一定是受到极大冲击的。比如，看到别人比自己优秀，出于嫉贤妒能的心理说三道四；当着甲说甲不喜欢的乙的坏话，以讨好他人的心理结交朋友；贬低他人、彰显自己，以掩饰自卑的心理找到平衡……总之，当这些现象在同学中经常出现时，说明班级人际环境亟待改良。

2. 心理特质不佳

小慧因看到女生间的"塑料友谊"便失去了对他人的信任，并"每天都生活在敏感多疑的氛围中"。长期处于敏感多疑的状态，人会感到焦虑和紧张，难以放松情绪，所以小慧出现了"成绩下滑严重，情绪也很低落""又陷入了深深的自责之中"的情况，

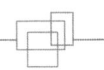

说明学习、生活、心理状态正陷入恶性循环中。[1]

3. 沟通渠道不畅

小慧"从小王口中得知,自己的闺蜜小玲在背后说自己的坏话",便陷入了情绪低落的状态。其实,小慧只要稍微冷静地想一想,就不难发现其中有很多疑问。小王为什么要传递小玲背后说自己坏话的消息?小玲到底有没有说自己的坏话?如果说了,具体说了什么内容?这些内容是自己身上确实存在的问题,还是小玲对自己有什么误会,抑或真的是"塑料友谊"?有太多需要解开的疑问,但遗憾的是,小慧并没有采取任何能有效解决问题的行动便开始精神内耗,导致自己受伤不已,而这对闺蜜因为误会就此疏离,着实可惜。

【方法策略】

1. 及时沟通,开诚布公

班主任要引导学生认识到不用情绪替代问题解决,最好的办法是第一时间和好朋友进行面对面沟通。沟通的结果可能有以下几种情况。

第一种情况,好朋友压根没有说过那些话。此时,学生要做出情感上的取舍,到底相信谁?传话人也许是听错了,也许是传错了,或者就是爱搬弄是非、挑拨离间,不管是哪种情况,只因这莫须有的"坏话"就掀翻了友谊的小船,那好朋友受到的伤害不亚于自己。

第二种情况,好朋友确实说了,并且说的的确是自己身上存在的问题,那就要主动改正这些问题,这是件帮助自己进步的好

---

[1] 沃建中,林崇德,马红中,等.中学生人际关系发展特点的研究[J].心理发展与教育,2001(3):9-15.

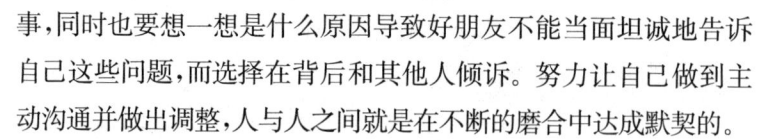

事,同时也要想一想是什么原因导致好朋友不能当面坦诚地告诉自己这些问题,而选择在背后和其他人倾诉。努力让自己做到主动沟通并做出调整,人与人之间就是在不断的磨合中达成默契的。

第三种情况,也是最不好的情况,好朋友说了很多莫须有的中伤自己的话。愤怒、失望、伤心肯定在所难免,但是从另外一个角度看未尝不是件好事,如果不再信任她,不想继续这段友谊,那就远离。古人云"知音难觅",在人生旅途中,大浪淘沙,去伪存真,最后在身边留下真正与自己志同道合之人。

2. 强大内心,自我和谐

班主任要引导学生成为一个内心强大的人。

第一,形成积极的认知。生活中有许多事情是我们可以创造和享受的,会给我们带来快乐和满足,让我们感到生活是有意义的。热爱生活,意味着积极地面对和改变生活中的问题,意味着勇敢地追求和实现生活中的理想,所以我们无论遇到什么困难,都要积极面对生活。

第二,采取积极的行动。自我管理,学会控制自己的情绪、调整自己的心态、保持良好的生活习惯。择友而交,多和正能量的人在一起,远离攀比、八卦的是非之地。不论与他人相处还是自己独处,都要努力过更有质量的生活。

3. 平行教育,学会共处

班主任可以创造集体教育的机会,引导学生尊重自己、尊重他人,学会独处、也学会共处,增强彼此之间的相互信任。[①] 通过组织集体活动,增强学生人际交往中的信任感。班主任可以开展班级集体活动,帮助学生拉近距离、消弭隔阂,从而增进信

---

① 王希华,张哲.学校人际关系与学生心理健康的相关研究[J].中国健康心理学杂志,2006(3):258-260.

任。通过召开主题班会,培养学生人际交往中的优良品质。例如,以"善良""信任""宽容""乐观"等关键词形成系列主题班会,引导学生的人际交往。

【拓展延伸】

2012年教育部出台的文件《中小学心理健康教育指导纲要(修订)》指出,中小学生正处在身心发展的重要时期,随着生理、心理的发育和发展,社会阅历的扩展及思维方式的变化,特别是面对竞争的压力,他们在学习、生活、自我意识、情绪调适、人际交往和升学就业等方面,会遇到各种各样的心理困扰或问题。因此,在中小学开展心理健康教育,是学生身心健康成长的需要,是全面推进素质教育的必然要求。

二、异性交往有尺度

对于中学生而言,异性交往是性生理和性心理走向成熟的必然结果,是一种正常的自然表现。从个体社会化的角度来看,异性交往在促进中学生完成社会化进程、实现个性健全发展方面具有重要的作用。[①] 但是,在发挥异性交往的积极作用的同时,班主任也要教育引导学生认识到,男女同学间的交往如果超出一定的界限,就会产生一些不良情绪和不当行为,影响日常学习生活和身心发展。

【情境案例】

初三下学期,辰辰多了一份"甜蜜的烦恼"。不知从什么时

---

① 李鹰.中学生异性交往的现状及心理特点[J].教育研究,2006(9):74-81.

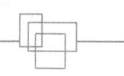

候起,他对同班的妍妍有了特殊的关注。最近,辰辰想把这份喜欢说出口,让自己和妍妍的关系更进一步,于是他向好朋友南南求助,但南南给他泼了一盆冷水。辰辰把对妍妍的喜欢埋在心里,变得有些魂不守舍。最近上课时常走神,考试成绩也略有下滑,辰辰的父母很着急……

【案例分析】

情境呈现了青少年青春期异性交往中的迷茫与困惑。辰辰对妍妍的关注与好感是个体社会化进程中的常见现象,是青少年成长的独特体验;后续出现的连锁反应凸显了合理对待、科学引导异性交往对于青春期青少年的重要意义。辰辰"甜蜜烦恼"背后的因素是多重的。

1. 自身心理因素

首先,青春期的学生生理和心理都在发生变化,会欣赏外貌、学业、品行优秀的异性,强烈的好奇心和探索欲让他们对异性表现出一定的兴趣,希望通过交往来满足好奇心。其次,初中生正面临从儿童到成人的过渡阶段,他们的情感需求更加复杂,与异性建立亲密关系成为他们寄托情感的一种方式。

2. 外在环境影响

第一,社交圈影响。学生在社交圈子的影响下,如果周围的人都有与异性过密交往的情况,他们可能会出于模仿心理而加入其中,认为这样更符合"潮流"或"群体规范",从而获得归属感和认同感。第二,家庭环境因素。家庭环境对初中生的成长发展具有重要影响。例如,父母的离异、家庭关系紧张等因素可能导致初中生在家庭中缺乏情感寄托,进而与异性过密交往。第三,媒体渲染效应。如电视剧、电影、网络等,经常渲染青少年之间的浪漫情感。这种渲染可能使初中生对异性产生不切实际的幻想和期望,从而导致他们在实际交往中出现过密行为。①

3. 缺乏正确引导

部分家长和教师对初中生异性交往缺乏及时的关注和引导。一部分人认为这是正常的现象,不需要过多干预;一部分人认为需严密控制,忽视或过度关注都有可能使初中生在异性交往中失去分寸,打破界限。

【方法策略】

为了引导初中生建立健康、正常的异性交往关系,家长、班主任应该给予他们更多的关注,提供正确的帮助。同时,班主任和家长也需要关注初中生的心理需求和发展特点,为他们创造一个和谐、健康的成长环境。

1. 正确认识青春期学生的情感

青春期的情感虽然与成年人之间的爱情有所不同,会受到经验、成熟度和责任感的限制,更多是基于直觉和当下的吸引力,缺乏成年爱情中的深度和稳定性,但也是情感的自然流露,不应该轻易否定。班主任应该保持开放、理解的态度,对青春期情感既不否认也不忽视,与学生以朋友的方式沟通,教育他们如何识别自己的情感,以及如何合理表达和调控情感,避免因为冲动而做出不理智的行为。

2. 建立健康的异性交往观念

第一,尊重自己和他人。班主任要教育学生与异性交往中首先要尊重自己,尊重自己的感受,不委曲求全,不刻意逢迎讨好,要自尊自爱,学会自我保护。其次,学会尊重他人,包括尊重

---

① 李文虎,雷良忻,黄海.青少年学生性生理、性心理发展及性教育现状研究[J].心理学探新,2003(4):39-41,54.

对方的人格、价值观、意愿，接纳不同性别之间的差异，不歧视或贬低，不给异性同学传递让人误解的信号。

第二，树立隐私意识和界限感。班主任要引导初中生在异性交往中把握必要的界限，避免过于亲密的接触、讨论私密的话题，同时树立隐私意识，保护自己的隐私、尊重他人的隐私。

第三，培养健康的恋爱观。班主任应帮助学生树立健康的恋爱观念，一份好的爱情应该成为彼此走向成熟的契机，双方应该积极地为对方的个人成长和幸福负责，并互相支持对方追求自己的梦想，而非只是满足自己的需要。

3. 给予恰当的异性交往指导

男生、女生在日常相处过程中要做到有礼有节，言语举止有分寸。男女生间的正常交往需要考虑时间、地点和场合，在公共场合要注意学生身份，不做亲密的接触；如果放学后还在人员稀少处逗留，既存在人身安全的隐患，也容易超出中学生交往的安全界限。

4. 给予充分的家校情感支持

作为班主任，应努力成为学生值得信任的"重要他人"，与学生保持良好的沟通，在他们迷茫时及时答疑解惑。作为家长，除了关注学业，更应该关注孩子的心理变化。当孩子遇到情感困惑时，不轻易否定和斥责，可以尝试了解孩子所欣赏的异性特点，站在孩子的视角同孩子一起理性看待这段情感，分享自己曾经的经历，用恰当的方式表明作为家长的立场和态度。青春期的孩子有着强烈的情感需求，渴望得到理解、尊重和接纳。在平时的养育过程中，家长和老师如果能够给予孩子充分的情感支持，让他们在充满安全感的环境中成长，他们会更有力量处理好青春期懵懂的情感，让人际交往更加顺畅。

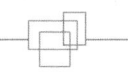

【拓展延伸】

青春期孩子"谈恋爱"的原因

1. 逆反心理

家长和教师的过度压抑，会导致青春期孩子谈恋爱。有的父母对孩子和异性的交往处处限制，甚至采用偷听电话、偷看日记、偷看信件等不恰当的方式；有时甚至在不了解情况的时候，对孩子和异性之间的交往横加指责。这些行为都严重伤害了孩子的自尊心和情感，激发孩子"偏要"的心态。

2. 重压之下的"救命稻草"

初中生步入新阶段，学生的学习紧张程度不言而喻，仿佛一张拉满的弓。许多孩子在巨大的压力之下苦苦支撑，有一肚子的话想找人倾诉。父母太忙，老师无法兼顾，加之年龄身份的隔阂，学生自然而然会更向身边的朋友和同学亲近，久而久之，很有可能萌生出爱情的小火苗。

三、亲子沟通有技巧

高中阶段是学生走向成人的重要阶段，良好的亲子关系、温馨的家庭氛围、和谐的朋辈环境更加有力地影响着他们的人格形成、心理健康。在这个人生的重要阶段，和谐的亲子关系对高中生的身心健康成长起着重要作用。

【情境案例】

高考前夕，王进妈妈向班主任赵老师求助。她是单亲妈妈，希望平时成绩拔尖的儿子能考上一所名牌大学，而王进却认为上名牌大学太累，只想考一所普通大学。王妈妈觉得儿子这是自暴自弃，对不住自己含辛茹苦对他的培养，而王进却认为妈妈

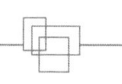

这是在用爱绑架他,他宁可不要这样的爱。

【案例分析】

在青春期孩子寻求自主性的过程中,与家长产生冲突几乎是不可避免的。王进有自己的想法,妈妈有更高的期待,意见无法达成一致时,矛盾冲突接踵而至。

1. 青少年因素

青少年的性别、年龄、依恋水平、情绪调节等因素都会对亲子关系产生一定的影响。随着青少年进入青春期,其第二性征已开始出现,并且对周围社会的了解已经具有相当的程度,因此他们往往认为自己已经长大了,不愿意父母再把自己当成小孩子看待。同时,他们对家长对其个人生活的干涉越来越不满意,更愿意公开表达不同意的看法。

2. 家长因素

父母的教养方式、教育期待、受教育水平、婚姻状况等都是亲子冲突的重要影响因素。班主任要对包括单亲在内的处境不利学生给予重点关爱,在家庭结构缺损、父母一方教养缺位的情况下,青少年更容易陷入发展困境,表现出各种适应不良问题。亲子沟通作为亲子互动和家庭教育的核心机制,对儿童的积极发展和健康成长发挥着关键作用。[1] 情境中的王进妈妈基于特殊家庭状况,对王进持有较高的教育期待,无法认同接受王进的"普通"选择,进而产生激烈的亲子冲突。

3. 环境因素

随着社会竞争的加剧,人们对优质教育资源的渴求越来越

---

[1] 于璐.中学生亲子沟通、同伴关系、师生关系对学业成绩的影响[D].长春:东北师范大学,2008:24-25.

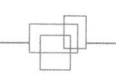

强烈,随之而来的就是普遍存在的内卷现象。情境中的王进妈妈也是被内卷裹挟着充满焦虑的一名普通家长,她对孩子的成长充满高期待。当王进的选择与自己的意愿相左时,妈妈会觉得王进的选择草率,对自己的未来不负责任,但王进却不想让妈妈过多干涉自己的事,妈妈所代表的成人世界的疑问或批评成了导火索,容易产生亲子对立的紧张关系。

【方法策略】

家长与孩子因为意愿不一致引发矛盾也是很多家庭当中常见的现象。父母之爱子,则为之计深远,但是这份"爱"是否能得到孩子的认可却是不确定的。

1. 了解"他们",看清问题的本源

双减背景下,"教育焦虑"仍是萦绕在家长心头挥之不去的霾,也让许多家长乱了育儿阵脚,家庭教育方式一不小心就趋于"密集型"状态。

(1) 因为"我是过来人"

从小到大,许多父母常会念叨:"我吃过的盐比你吃的饭还多,过的桥比你走过的路还长,我们是过来人,听我的准没错。"在这样的教育下,很多孩子都成了父母眼中的乖孩子,他们所有的事情都听从父母安排。[1] 家长的出发点是希望孩子少走弯路、少摔跟头,但是这样的做法无疑是剥夺了孩子的成长空间。

(2) 无处安放的"教育焦虑"

"焦虑"已然成了当下父母育儿的状态写真,父母们一方面对自己的孩子充满着高期待;另一方面,攀比心理及剧场效应使

---

[1] 方晓义,戴丽琼,房超,等.亲子沟通问题与青少年社会适应的关系[J].心理发展与教育,2006(3):47-52.

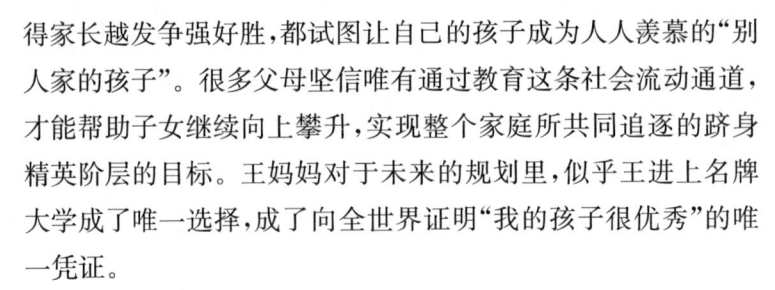

得家长越发争强好胜，都试图让自己的孩子成为人人羡慕的"别人家的孩子"。很多父母坚信唯有通过教育这条社会流动通道，才能帮助子女继续向上攀升，实现整个家庭所共同追逐的跻身精英阶层的目标。王妈妈对于未来的规划里，似乎王进上名牌大学成了唯一选择，成了向全世界证明"我的孩子很优秀"的唯一凭证。

（3）复制粘贴的"清单式"育儿

微信关注育儿大V、床头摆放育儿书籍、时刻查阅育儿宝典、定期交流育儿经验……被困在育儿枷锁里的父母"病急乱投医"，试图将每一个"成功"的育儿模板折算成一张清单，借助清单的顺序"成功"复制到自己孩子的头上。考上985、211、双一流成了是否优秀的衡量标准，家长们爱问身边人："你家孩子考上了什么大学？有考研计划吗？我孩子有没有可能保送？"却很少问问自己的孩子："你对未来的期待是什么？你有什么想攻克的方向吗？"……与其说关爱孩子，不如说更关注孩子是否达到了世俗意义上"成功"的标准。小到吃喝拉撒、衣食住行，大到上学工作、交友结婚，父母竭尽所能为孩子提供最周到细致的"照顾"，恨不得做好最详尽的规划，让孩子按部就班地在自己设定好的蓝图上前进。稍有偏差，父母就会紧张地进行"拨乱反正"，让孩子重返航线。他们竭尽全力、毫无保留地"表达"着对孩子成长的关心和帮助，结果却往往不尽如人意。

2. 帮助"他们"，搭建沟通的桥梁

班主任应借助自己的专业素养搭建和谐且顺畅的亲子沟通桥梁，调整家长直升机式的育儿方式，为学生提供切实有效的帮助。

（1）"请进来"，共学正确育儿观

当下很多父母在育儿过程中的"想当然"已无形中成为亲子

沟通中最高的一座山。对于这样的家长而言,如何教育孩子更多的是通过父辈教养方式迁移,同辈群体交流,报刊书籍、网络媒介后天学习等途径获取零碎的认知。这些学习固然重要,但更为重要的是需要通过与孩子的交流、互动,以及观察、反思来不断促进自己成长为一名合格的父亲或者母亲。

作为和谐关系的协调者,班主任可以邀请家长走进校园、走进课堂、走进学生的生活,用家长之间的对话互动、家校之间的互动交流等方式让家长意识到,孩子是独立的个体,他们的自我意识已然形成,需要在尊重中对话,在平等中交流。

(2)"走出去",拓宽育儿新思路

独特的孩子需要理性的家长,平凡的孩子需要宽容的家长,幸福的孩子需要豁达的家长……家长是孩子成长中最重要的力量源泉。不难想象,在家庭生活中,家长对孩子的360度无死角的"关怀备至"定会让孩子压力倍增。此时,除学校里组织的各项家校协作的活动之外,班主任也需要走出校园,走进家门,以家访的形式去解开家长与孩子之间的沟通障碍。班主任的参与利于家长和孩子彼此都能客观实际阐述想法,使双方能够站在同一个立场去讨论问题。学会倾听,发现对方的内心需求,确定最优方向,找到解决问题的办法,分歧自然就迎刃而解。

【拓展延伸】

1. 多尊重,少安排

七分尊重、三分帮助。好的亲子关系,一定带着分寸感。步入高中的学生,其独立性和学习能力都在逐渐增强,他们更喜欢和老师、同学平等友好地开展对话,喜欢自由独立地组织、开展一些活动。他们的"成人感"更加明显,自尊心增强,他们渴望获得来自成人世界的尊重与理解。

2. 多共情，少命令

父母都愿意为子女做打算、解愁难，但如果只顾着输出道理、下达命令，而忽视了孩子的情绪，则可能适得其反。家长的关心应似春风化雨，倾听陪伴远胜于仅靠和老师的一通电话咨询，听听孩子的困扰、聊聊孩子的校园生活，分享自己读书时的趣事，亲子情感才能双向流动起来。

3. 多陪伴，少监管

亲子间的有效陪伴并非单纯的"在一起"，方式方法很重要。真正的陪伴，不存在"高高在上"，而是"俯下身来"，用孩子的视角重新观察世界。家庭应是孩子成长中最放松的空间，父母应是孩子成长中最信任的朋友。若这一份放松和信任不复存在，对于亲子关系及孩子的成长都将会有比较大的伤害。

第五节　关注生命安全

教育从来都是指向学生的全面发展，学校教育教会学生生活，教会他们学会学习，让学生用积极的态度、充分的技能、良好的习惯面对生活，享受生活。陶行知先生的"生活教育理论"告诉我们，如果能够积极地投入到生活中去，就可以在生活的矛盾和斗争中去选择和接受"向前向上"的"好生活"。生活决定教育，教育改造生活。[①] 健康是生活的出发点，也是教育的出发点。因此，引导学生在生活中收获健康，获得幸福感，是班主任的重要职责。

---

① 朱永新.真正的教育应为生命而存在［J］.江苏教育，2018(56):1.

第二章 生活指导

一、加强自我保护能力

学生在面对潜在风险时缺乏足够的意识和能力来有效保护自己，特别是个人信息安全和隐私保护等方面。这种能力的缺乏源于多个方面，包括家庭教育、学校教育、社会环境以及学生自身的性格特点。虽然安全教育已经被纳入学校的教育体系，但仍只停留在口头教育或简单的知识传授层面，缺乏实际操作和模拟演练，导致学生难以真正掌握自我保护技能。

【情境案例】

最近，几个打着"提分秘籍""作业无忧""AI 智能"宣传的网站在班里悄悄火爆起来。只要充值 20 元，就可以享受初级 VIP 服务，提供作业解答和学习冲刺提升方案。如果上传身份证件，或者填写更具体的信息，还可以免费享受 VIP 服务。

【案例分析】

该情境反映了班级中的部分学生在面对潜在风险时缺乏意识和能力来有效保护自己，我们尝试从以下几个方面追溯原因。

1. 个体特征所致

如果学生的性格过于内向、胆小或缺乏自信，他们更容易成为潜在风险的目标。在面对危险时，他们会感到无助、恐慌，难以有效地采取自我保护措施。诚实、谦虚的性格使学生更容易接受他人的建议和帮助，当面临危险或不确定的情况时，他们更可能向他人寻求帮助或参考他人的经验，从而提高自我保护的效果。由于相关安全教育不充分、不到位，再加上个人性格特点，学生往往对信息安全和隐私保护的重要性认识不足，缺乏相

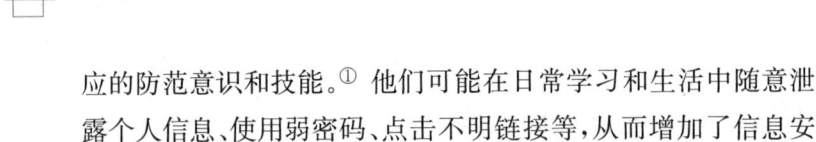

应的防范意识和技能。[①] 他们可能在日常学习和生活中随意泄露个人信息、使用弱密码、点击不明链接等,从而增加了信息安全的风险。

2. 家庭教育影响

从家庭教育的角度来看,部分家长过度保护孩子,限制了孩子自主学习和尝试的机会,导致孩子缺乏面对和处理风险的能力。同时,一些家长由于工作繁忙,未能及时对孩子进行全面的安全教育,没有提供足够的自我保护知识,孩子不知道如何识别潜在危险(如网络诈骗)和在危险情况下应该如何保护自己,导致孩子自我保护意识的缺失。部分家长自身也未充分意识到网络安全和隐私保护的重要性,或者对相关的风险缺乏足够的了解,甚至认为这些问题主要存在于公共环境或社会领域,未料到学校和学生也会面临潜在风险。

3. 学校教育不足

校园安全教育的系统性和全面性还有待提高。学校在教育规划、课程设置和教学资源分配上,对信息安全和隐私保护的投入不足。同时,部分教师的信息安全素养和教育能力不足。部分教师自身也缺乏信息安全和隐私保护的知识和技能,无法有效地传授给学生相关知识。此外,由于缺乏相关的培训和支持,教师在面对信息安全问题时可能感到无力和困惑,无法为学生提供及时的指导和帮助。

4. 社会环境挑战

当下的社会环境对学生信息安全和隐私保护能力提出了挑战。在强调遵守规则的社会环境中,学生往往被教导要服从权

[①] 谭丙华,张华.当代青年生命安全意识缺失的表现、成因与对策[J].中国青年研究,2015(6):105-109.

威,而不是学习如何争取和保护自身权益。此外,社会和网络的各种诱惑会对学生产生负面影响,使他们在面临类似风险时往往难以经受考验,比如案例中"提分""智能""VIP"等要素,从学生最关心、最需要的地方作为突破口引诱学生上当,从而进一步造成学生的隐私泄露和财产损失。

【方法策略】

1. 引导学生意识到自我保护的重要性

家庭教育对于提升学生的自我保护意识至关重要。学生在学龄前、小学和中学的各个阶段,都会面临着各种风险和诱惑。家长作为孩子的第一任老师,应循序渐进地传达自我保护的重要性。强调个人信息的敏感性,特别是身份证件等关键信息,一旦被不法分子获取,可能会导致严重的后果。要提醒孩子不要轻易相信未经证实的提分秘籍或学习冲刺方案,这些往往是陷阱或虚假宣传。同时,鼓励孩子积极参与实践活动,如模拟演练等,以掌握自我保护技能。

家长可以根据孩子的年龄和认知发展水平,向他们传授基本的生活常识和安全知识。教导孩子如何识别陌生人、如何避免接触危险物品、如何在火灾或地震等紧急情况下保护自己等。这些知识可以帮助孩子在遇到危险时迅速做出正确的判断和行动。家长可以鼓励孩子独立思考和解决问题,培养他们的自主性和自信心。这样,孩子在面对困难或挑战时,能够勇敢地站出来,采取有效的措施保护自己的安全。通过培养积极、健康的性格特征,可以使学生更好地保护自己,应对潜在的安全威胁。

家长应当为孩子设定明确的规则和限制,以规范他们的行为,降低潜在的安全风险,这些规则可以涉及禁止独自外出、不与陌生人交谈、不随意透露个人信息等。家庭教育在孩子自我保护能力提升方面具有不可替代的作用。通过家庭教育，家长可以有效地提升孩子的自我保护能力，帮助他们更好地应对生活中的各种挑战和风险。

2.让学生在实践中学习和掌握自我保护技能

学校可以定期开设安全教育课程，教授应对方法以预防欺凌、网络安全等现代生活中的安全问题。学校不定期邀请警察、消防员、急救人员等专业人士到校做安全讲座，提供实用的安全知识和技能培训。通过模拟火灾、地震等紧急情况，组织学生参与逃生演练、急救演练等活动。这些实践活动可以帮助学生熟悉应急流程，提高他们的应急反应能力和自我保护能力。学校可以关注学生的心理健康状况，开展心理辅导活动，帮助学生调节情绪，保持冷静，从而更好地应对危险情况。

学校可以组织体能训练、自卫技能培训等活动，提升学生的身体素质和自我保护能力。通过锻炼，学生可以增强自己的体魄，提高应对危险情况的能力。学校应制定明确的校园安全规章制度并引导学生遵守，如校园安全规定、禁止欺凌行为等，旨在为学生提供一个安全、和谐的学习环境。

此外，学校还需要与家长和社会各界保持密切联系，共同构建学生的安全教育体系。学校可以定期与家长开展交流会，分享自我保护的经验和知识。同时，也可以与社区、警方合作，共同维护校园周边的安全环境。[①] 学校教育在培养学生的自我保护能力方面应采取多种措施，包括开展安全教育课程、组织应急演练活动、加强心理健康教育、强化身体素质训练、培养团队合作精神以及制定安全规章制度等，帮助学生全面提升安全意识

---

① 杨飞云.社会转型期的中小学生安全教育探析［J］.天中学刊，2011，26(1)：132-135.

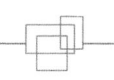

和自我保护能力。

3. 为学生创造和维持安全和谐的环境

行政部门可以制定和完善关于学生个人信息和隐私保护等方面的法律法规，明确保护的原则、范围措施，并加强对违法行为的惩处力度，确保法律法规的权威性和有效性；鼓励和支持隐私保护技术的发展和应用，如数据加密、匿名化处理等技术，提高学生个人信息和隐私的安全性；建立方便学生及其家长投诉举报的机制，对涉及学生个人信息和隐私的违法行为进行及时处理，保障学生的合法权益；建立专门的监管机构，负责监督学校、教育机构、第三方服务提供者等在学生个人信息和隐私保护方面的行为，确保他们遵守相关法律法规。同时在行政统筹下，加强校园安全教育、提高师资队伍建设、加强家校沟通合作、建立联防联控机制、引导社会参与监督，都是保障校园安全的重要举措。学校、家庭和社会各界密切合作、协同育人，才能确保学生能够安全、健康、快乐地成长。

【拓展延伸】

1.《贯彻落实网络安全等保制度和关保制度的指导意见》
2.《中小学生守则(2015 年修订)》

二、形成安全活动方式

课间是呵护学生天性、遵循教育规律、让学生在紧张课业中得到身心放松的宝贵时光，但这宝贵的时光却常被无情"剥夺"，校园里变得"静悄悄"。"课间圈养"的规定更是层出不穷，有些校园里甚至流行着"厕所社交"……把课间 10 分钟还给孩子，成了社会上热烈讨论的话题。[①]

【情境案例】

男生相对女生而言,更为好动、易冲动,课间总能看见男生活跃的身影。他们喜欢追逐、喜欢打闹,常常会为了一件小事争得脸红脖子粗,甚至大打出手。安全教育是现在校园中最关注的一个话题,因为一旦发生校园安全事故,班主任责任难逃。因此,班主任往往采取非常手段,用许多"不能"和"不准"来制约男生的行为。一些老师看到学生都只是在走廊聊天、在座位上看书的景象时,甚至赞叹说:"这个班纪律真好。"这样的教育方式正确吗?

【案例分析】

校园安全工作,一直是学校管理中压力最大、最重要的工作,也是家长特别关注的问题。基于安全的顾虑,其实消失的不只有情境中学生的课间10分钟,还有部分运动项目、游戏项目……我们需要正视情境中的这一类现象。

1. 压力下沉下的自保行为

学生喜欢的活动项目"消失"的背后,除了运动场地不足、学业压力过大等因素,还有一个共同的原因——学校、班主任被"安全责任"搞怕了。校园里无论是出现小碰小擦还是更严重的伤害事故,在事后处理过程中,常常会引发家校矛盾冲突。担心安全隐患,成了影响学生正常课间活动的绊脚石,也是学校和班主任难言的苦衷。

[①] 徐丹阳,白杨,邱岚.课间十分钟还给孩子,"卡"在哪[N].中国青年报,2023-12-29(6).

2. 欠缺解决纠纷的专业度

虽然学校已经谨小慎微地对待学生的人身安全问题,然而很多意外事件还是很难避免。一旦出现偶发事件,学校就会发现无论是在对调解诉讼的流程了解上,还是在司法实践的学校自证行为中,教育工作者在解决激烈纠纷和冲突的专业度上都有欠缺。同时,每一起安全事件的顺利解决都会花费相当多的时间与精力,这对学校与教师的正常工作也提出了挑战。

3. 缺乏教育创新的丰富性

有专家指出,抑郁症低龄化趋势愈发显著。"从社会环境来看,不良的教育方式是一大诱因"。课间 10 分钟虽短,校园空间也有限,这些约束与限制也可以是创生教育契机的新起点。教育工作者更应该肩负起积极思考、勇于创新的责任担当,把生动的课间 10 分钟还给学生。

【方法策略】

1. 破除"圈养"观念

以保护孩子的名义不让学生出教室门,哪会有什么健康和活力,又哪会有想象力与创造力呢？教育要赋予学生的是身心健康,是活力与创造力。体育锻炼、嬉戏打闹,这是孩子的天性,也是学校必须提供的保障。因为怕出事情、怕担责任,就把学生"圈养",确实省时省力,但不是教育工作者应有的担当。课间 10 分钟,其基本功能是让学生从上课状态放松下来,舒展身体、舒缓疲劳,避免身体紧绷、久坐伤身;其拓展功能是让学生开展满足心理需求的社交活动,如同伴交流、互动游戏等。这也体现了把课间 10 分钟还给学生的必要性。

2. 设置安全的课间活动场域

学校、班级应设置一些安全的活动场所供学生课间活动。

不少学校的教学区都是多层楼建筑,课间10分钟的时间不足以高楼层的孩子到户外更广阔的区域活动,因此,学校可以巧妙利用本楼层空间,设置阅读区、智力游戏区、绘画区等,有条件的学校可利用错层空间,打造露天平台,让学生尽可能在室外活动,有益身心。[1] 同时也要关注学生人际交往、心理疏导等方面的需求,设置互动游戏区、心灵驿站、温馨小屋、减压室等空间,让学生能够倾诉心声、自我疗愈,获得伙伴支持、教师关注。

此外,学校应加强基础设施的监管,修整校园环境,定期进行全方位的安全排查,评估风险,及时发现安全隐患,提前做好防范。例如,在容易发生磕碰的楼梯转角、体育器材存放室、卫生间等区域,增加软包装、防滑设施,防止磕碰发生。所有室外空间都合理安装摄像头,确保24小时无死角;及时更换老旧设备,避免安全事故的发生。

3. 开展常态化的课间安全教育

针对课间活动可能出现的安全隐患,班主任适时对学生进行安全教育。学校、班级可以选取一批安全意识强、责任感强的学生,做校园安全监督员,对于课间危险行为和不文明行为,及时制止、劝告。班级教室、走廊等学生密集活动的场所,要张贴安全警示,在学生中征集生动活泼的标语,使安全教育内化于心。利用好安全教育的 APP、网站平台等资源,定期开展班级集体学习、自主学习,图文并茂的方式更利于对学生的安全警示与正确引导。[2]

---

[1] 邹勇.课间"静悄悄"现象的成因及破解路径初探[J].中小学校长,2023(12):42-45.

[2] 潘敏,叶淑香.关于小学生生命安全教育的探讨[J].辽宁师专学报(社会科学版),2017(6):115-116.

4. 进行课间健康游戏的指导

课间时光虽然短暂,但是劳逸结合,开展一些有益身心的活动,还是能够让课间丰富多彩、有序有趣。

班级植物角、校园小景观,都是学生放松心情、接触自然的载体,班主任可以布置观察、种植、养护的小任务,让学生通过照料花草亲近自然。有条件的学校和班级,还可以设置"楼顶菜园""一米花园"等劳动实践场域,为自己种的植物浇水、松土,让学生担任"小园丁",探索植物生长规律……这些任务历时一周至数周,达到了课间动起来的目的。[①]

开发指尖游戏,可以在宽敞走廊的拐角处打造自取游戏玩具区,放置各类魔尺、乐高、拼图、象棋、五子棋等有趣的益智玩具,随手可取,随时可玩,益智融趣。开发快乐"足"下运动,盘活小活动场域,开辟课间活力地带,开展踢毽子、跳房子、翻花绳等游戏,创设小游戏空间。创意室内操,搜寻各类室内手势操和健身操等,就是遇上雨雪阴霾天,运动照样不停歇。

一首优美的乐曲、一段有趣的动画、一幅经典的画作、一首有意境的诗词,都可以陶冶学生的情操。学生沉浸在美的事物中,不仅能提升审美能力,还能引领发展其兴趣爱好。

研究"老游戏"中的童趣童乐,掀起一场游戏的复古风潮。班主任可以教学生玩"拍七令""丢手绢""斗草""抽陀螺"等老游戏,让学生通过游戏放松心情,在调整状态的同时,也了解了传统文化。[②]

[①] 葛灵丹,程晓琳.动起来,为"留白"涂上斑斓色彩[N].新华日报,2024-01-05(5).
[②] 曹中平.民间游戏赋能自由时间[J].教育家,2024(3):1.

【拓展延伸】

传统游戏

1. 扔沙包

玩游戏时，先在空地上画好一个大圆圈。学生分成两队，一队在圈外，一队在圈内。圈外的学生在游戏开始后，将手上的沙包扔向圈内学生的脚部。被击中的学生就被淘汰出局，走出圆圈。如果躲沙包的人接住沙包，可储存"一条命"或"复活"自己队中已下场的一名队友。直到圈内的一队中最后一位学生被淘汰，两队互换，游戏重新开始。

2. 我们都是木头人

游戏开始，学生一起喊口令："我们都是木头人，不许说话不许动，不许走路不许笑！"说完大家立刻保持静止状态，无论原来是什么姿势，都必须保持不动。谁先说话、笑或者行动，谁就犯规了。其他人可以让犯规的学生表演一个节目，然后再开始下一轮的木头人游戏。学生可以在这个游戏中尽情发挥自己的幽默搞笑水平，设计滑稽的表情和动作，逗对方笑出来，自己取得胜利。

三、树立积极的生命观

《国家中长期教育改革和发展规划纲要（2010—2020年）》首次将"生命教育"提到了战略高度。随后，国家出台了一系列相关政策，把落实生命教育向前推进。2016年9月发布的《中国学生发展核心素养》明确将"珍爱生命"纳入"健康生活"的价值维度之中。2018年11月，国务院教育督导委员会办公室发布的《关于加强中小学（幼儿园）冬季安全工作的通知》指出"要重点加强生命教育，帮助学生正确认识生命、尊重生命、珍爱生命、保护生命"。2021年10月,教育部印发的《生命安全与健康教育进中小学课程教材指南》中也提出了具体要求。2023年4月,教育部等十七部门印发《全面加强和改进新时代学生心理健康工作专项行动计划(2023—2025年)》,强调要培育学生"珍视生命"的心理品质。

【情境案例】

初三的晓勤同学的妈妈今天来找班主任说了周末发生的一件事:晓勤趁妈妈买菜间隙,关上房门写好遗书,喝了自己在网上购买的农药。好在妈妈提前回家,发现及时,没有酿成悲剧。她妈妈说到,晓勤是个朴实勤奋的女孩。妈妈无意中从她的日记里发现了她有轻生的念头,她在日记中写到必须考到当地最好的高中重点班。然而最近的几次模考她都考得不理想,她觉得头上似乎没有了蓝天,阴霾压得她喘不过气来。

【案例分析】

2023年4月,世界卫生组织官方网站中的数据显示,"2021年,超过150万10—24岁的青少年和青年死亡,平均每天约有4 500人",而且"自杀是15—19岁人群的主要死因之一"。青少年自杀成了全球性的问题。我们国家的青少年生命观现状也不容乐观,生命教育理念不同频、难共振,生命教育实践未全面铺开,生命教育场域未完全打通等问题仍然存在,生命教育呈现出分散、零散、松散的困顿样态。[①] 晓勤同学的案例提醒我们及时捕捉极端事件苗头的重要意义,也提醒我们关注各类极端事件

---

① 胡中月.新时代青少年生命教育一体化探析[J].教育科学研究,2024(1):83-90.

背后的复杂因素。

1. 学业压力过大，焦虑情绪严重

在青少年升学过程中，多重压力最终都会传导给生长发育期的中小学生。情境中的晓勤同学就是典型的例子，对于重点高中的极度渴求加剧了她本就紧张的情绪。紧绷的情绪，加之一连串的不顺利，成了压倒晓勤的最后一根稻草。庆幸的是，案例中的晓勤被及时挽救，但这提醒我们，对学生成才观的正确引导将是缓解学生过重学习压力的重要路径之一。

2. 抗挫能力较弱，容易走向极端

在当代高水平生活中成长起来的青少年，往往自小受到很多的关注与关爱，这也从一定程度上影响了其在后续成长过程中面对挫折的具体行动能力。案例中的晓勤是个朴实勤奋的中学生，但显然她暂时还不具备较强的抗挫能力。当目前的学业现状与自己的目标有一定差距的时候，她选择了极端的解决方式，"决绝"的背后恰恰是逃避困难的表现。

3. 舆论负面影响，缺乏正确认知

在信息时代，各种文化现象飞速延伸至青少年生活的各个方面，其中不乏漠视生命的消极思想。对于意志力不强的部分学生而言，此类信息正一步步侵蚀吞噬着他们本该积极乐观的青春。同时，网络时代让消息传播速度更加迅疾，极端事件经过多番发酵更是加剧了社会整体氛围的焦虑与紧张，也影响着青少年的判断能力，容易出现"模仿"行为。

4. 疏导不够及时，欠缺有效交流

案例中的晓勤选择了将心中的秘密倾吐给日记，这是个体宣泄压力的一种有效方式。但她宁愿选择写在日记中，也不愿向身边的师长、同学倾吐，这就警示我们及时发现、有效疏导具有重要意义。

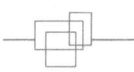

【方法策略】

1. 树立"生命至上"的生命价值观

生命教育是一切教育的启蒙,是整个教育体系的"奠基石"。班主任要引导学生认识到"生命高于一切",尊重自己的生命,也不侵害他人的生命。班主任要利用好《生命安全与健康教育进中小学课程教材指南》,开设生命教育的相关课程,将生命教育融入日常的学科教学中。利用好班会、晨会、心理课,帮助学生正确认识生命,掌握规避生命风险的有效方法,养成健康向上的行为和生活方式,涵养乐观坚忍的心理素质。建设具有人文关怀、崇尚生命的校园文化,在校园宣传、景观设计等方面突出生命教育元素,提升校园硬件环境的育人功能;要将生命观教育融入日常思想政治教育活动,通过名师讲堂、开学第一课、毕业典礼等活动,开展生命观宣传教育。[1] 还要落实好大、中、小各学段有关生命教育的衔接和协同机制。

2. 磨炼"坚韧顽强"的生命意志力

中学阶段的学生身心处于急剧变化的状态,这种状态使他们处于各种矛盾冲突之中。学生遇到困难不能正确对待,容易犹豫不定,甚至逃避、退缩,这就需要教师引导他们明确人生目标,用"成长型思维"培养他们积极进取和乐观的生活态度,自我肯定、自我鼓励。班主任在训练学生的坚韧性时,应锻炼他们的坚持性、坚定性和顽强性。[2] 练习要有目的、计划,从简单到复杂,使学生获得锻炼的信心和成功体验。教育学生认识自己的情绪、表达自己的情绪、控制疏导自己的情绪,处理自己的情绪

---

[1] 孟婷婷.关于学校生命观教育的思考[J].北京教育(德育),2023(10):26-30.
[2] 虞廷容.关注逆境教育 培养健康心理[C].基础教育理论研究成果荟萃上卷(三),2005:1018-1019.

困扰。通过创设情境,学会流露表达自己的情绪情感,观察别人的反应,共同分享、分担情绪体验。还需要培养能够超越逆境的"心理超能力",包括进取心、创造力、应变力、竞争力等。

3. 滋养"真善美"的生命取向

教育家陶行知特别重视生命教育,认为生命教育就要贯穿于人的整个生命的全部过程。有意义地活着,是对生命的滋养,可以感受生命的温度、情感的联结。学习,不是为了分数、考学,而是为了学到本领、拥有智慧。因此,教师可以用一双发现"美"的眼睛,引领学生感悟积极的生命取向。比如,借助经典书籍,涵养学生的生命成长。[1] 最是书香能致远,阅读,不仅能够发展思维、提升能力,还能获得审美经验、修养身心。还可以借助优秀的影视文化作品,安抚学生的成长困顿。将声音、图片、文字、音乐、舞蹈等元素融合成感性素材,能够很好地包裹学生的各方感知,产生奇妙的自愈力。视觉、听觉、触觉等方面的刺激,也是中学生特别乐于接受、容易产生共鸣的方式。

4. 打造"校家社协同"的生命教育圈

学生的成长感悟,首先依托于家庭的氛围环境。从饮食起居到家庭决议,从亲子关系到成员关系,如若能够保持良性状态,学生的生命体验感就会强,幸福指数也会高。因此,构建和谐稳定的家庭内部关系,是给予学生生命观教育重要的一环。指导家庭开展生命教育,也是学校、教师义不容辞的义务。

此外,要利用节日等仪式教育,依托医院、社区、场馆等,建立生命观教育基地,营造生命至上的社会氛围。组织学生开展社会实践,推动尊重生命、热爱生命理念扎根学生头脑;清明节、

---

[1] 丁喜旺.生命共同体视域下的生命安全教育[J].中学政治教学参考,2020(37):57-58.

入学礼、成长礼、成人礼等,都是开展生命教育的有力节点。良性的生命观,还需要学生正确面对死亡,可以通过撰写"墓志铭"唤醒学生珍惜生命、敬畏生命的意识;开展扫墓祭奠的活动,理解生命的价值。

【拓展延伸】

1. 纪录片《人生第一次》

推荐理由:《人生第一次》是央视网出品的人文纪录片,聚焦出生、求学、成年、当兵、上班、结婚、进城、买房、相守、退休、养老、告别等12个对中国人意义重大的人生断面,呈现了非常丰富的生命教育素材。

2. 电影《心灵奇旅》

推荐理由:这部电影可以帮助孩子缓解心理焦虑,学会克服"做一件事必须成功"的心理困境,从而对自己充满信心,对生活保持热爱,更好地适应学校和社会。生命不需要从外在寻找意义,因为"活着"就是意义本身。

第三章

心理疏导

促进学生身心健康、全面发展,是党中央关心、人民群众关切、社会关注的重大课题。随着社会经济的快速发展,学生成长环境不断变化,学生心理健康问题更加凸显。中小学生处于成长的关键阶段,面临着各种心理问题和挑战。中小学班主任不仅需要关注学生的学业发展和生活状况,还需要关注学生的心理健康。班主任作为学生生命成长的"重要他人",承担着引导学生健康成长的重要责任。

第一节 心理疏导的目标及内容

2023年4月,教育部等十七部门发布了关于印发《全面加强和改进新时代学生心理健康工作专项行动计划(2023—2025年)》的通知,标志着加强学生心理健康工作上升为国家战略,摆在更加突出、更加重要的位置,对学生心理健康工作作出了全面部署。

一、中小学生心理健康现状

中小学生的心理健康和身体健康同等重要,关系到独立健全的人格、自信自强的精神品质的形成。近年来,我国中小学生心理健康问题越发引起社会的高度关注,青少年出现厌学、焦虑、抑郁等情绪,这些现象牵动着每个家长的心,也触动着全社会的神经。

当下的社会背景中,移动互联网带给中小学生一个完全开放的信息世界,人口流动常态化背景下的家庭关系和家庭结构的变化,都让中小学生对成人世界达到初步认知水平的时间大大提前。在中小学生尚未形成自己独立正确的价值观时,多元文化背景的多元价值观迅速涌入,碎片化的认知方式使他们容易与同伴、家长和教师形成文化和心理代沟。此类种种很容易导致他们在认识问题和处理问题上出现心理矛盾,甚至衍生出更严重的心理问题。

这些问题的出现,从社会学的角度来看,是高速发展的现代化社会及其现代性对每个生命个体带来的冲击;从心理学的角度来看,是短期内不断迭代的智识和快速发展的人的智力与本身人的进化过程中应有的心理健康发展阶段的不匹配。

中小学生处在成长变化的快速期,不同学段呈现出完全不同的生长阶段和特点。所以,研究和掌握中小学生的身心发展特点是助力班主任对其进行心理疏导的必要前提。中小学生的身心发展特点主要包括以下几个方面。

1. 身体快速发育

中小学生正处于生长发育的关键阶段,身体快速发育,身高、体重迅速增长。处于青春期的中小学生正在生理上经历许多变化,如初潮、身体比例的改变等。

2. 认知能力提升

中小学生的认知能力逐渐提升,开始具备抽象思维能力和逻辑思维能力。学生能够更深入地理解抽象概念和逻辑关系,学习能力和记忆力得到提高。

3. 情感与社交发展

中小学生开始建立更为复杂的人际关系，对同伴和家庭成员的情感联系更加重要。学生开始体验各种情感，包括友谊、竞争、挫折等，需要学会处理情绪并逐渐建立自我认知。

4. 自我意识增强

中小学生开始形成自我意识，开始关注自己的特点和优缺点；开始建立自我认同感，对自己的价值和角色有了更清晰的认识。但青少年时期，学生身体发育和心理发育的速度并不均衡，往往是身体先于或大于心理，呈现出叛逆、自我封闭、盲目追求个性等具体问题。

5. 社会认知和道德发展

中小学生开始理解社会规范和道德价值观，逐渐形成自己的道德判断能力。开始关注公平、正义等价值观念，学会尊重他人、合作与分享。

6. 注意力和自控能力提升

中小学生的注意力和自控能力逐渐增强，能够更好地控制自己的行为和情绪。学生能够更好地集中注意力，完成学习任务，控制冲动和延迟满足。但另一方面，他们也特别容易受到同伴和成年人的影响，从众心理和模仿行为较多，自控力摇摆不定。

了解这些身心发展特点有助于班主任和家长更好地指导中小学生的学习和生活，促进他们的全面发展和健康成长。

二、中小学生心理疏导目标

结合实践工作中的具体现象和问题，我们可以尝试将班主任对学生进行心理疏导的工作目标进行结构化的建构。

1. 要共同明确核心目标

2023年4月,教育部等十七部门印发的《全面加强和改进新时代学生心理健康工作专项行动计划(2023—2025)》的通知中指出:健康教育、监测预警、咨询服务、干预处置"四位一体"的学生心理健康工作体系更加健全,学校、家庭、社会和相关部门协同联动的学生心理健康工作格局更加完善。2025年,配备专(兼)职心理健康教育教师的学校比例达到95%,开展心理健康教育的家庭教育指导服务站点比例达到60%。

作为学校教师队伍的重要组成部分,班主任必然要成为以上目标达成过程中重要的正向力量,时刻将促进学生心理健康、提升学生学习效果和生活质量、促进学生全面发展的要义摆在重要位置。

2. 具体实施目标

对于学生成长过程中的"重要他人"来说,班主任承担带班育人的重要职责,要结合整体要求,以及学情具体特征来实施具体目标。

(1) 掌握相关领域的知识与方法

心理健康知识普及:学习心理健康知识,认识心理问题,掌握心理健康调适方法。心理问题识别与干预:早期发现学生心理问题,提供心理支持和疏导学生寻求专业帮助。人际关系和团队建设:促进同学之间的良好关系,培养团队合作精神,帮助解决人际冲突。情绪管理和自我认知:学习情绪管理技巧,增强自我认知和自尊心,培养积极心态和应对压力能力。未来规划和职业指导:辅导学生未来规划,提供职业咨询和指导,帮助学生树立目标和梦想。

(2) 做好关键环节工作

心理健康教育课程:定期开展心理健康教育课程,引导学生了解心理健康知识。个别心理辅导：针对个别学生心理问题进行辅导，提供个性化的心理支持。

（3）积极促进校家社合作

与家长合作，共同关注学生心理健康；提供家庭问题的咨询、疏导和支持；联合专业心理咨询单位开展共建活动，向家长、老师、学生提供具体可行的专业介绍与授课。

这样的结构化处理和目标分层可以帮助班主任系统了解如何对学生进行心理健康教育，促进学生的全面发展和心理健康成长。

三、中小学生心理疏导内容

面对鲜活的、不断变化与发展的中小学生，结合重点工作和常见问题，班主任在日常工作中需要重点关注的学生心理疏导状况，疏导内容主要有以下几个方面。

1. 学习压力疏导

学生面临着来自家长、老师和社会的学习期待，可能会出现焦虑、失眠、压力过大等问题。班主任可以通过倾听、鼓励，引导学生树立正确的学习态度，教导他们合理分配时间、制订合理目标和学习计划，以及学会应对挑战的方法，帮助他们正确面对压力，调控压力。

2. 人际关系疏导

学生在成长过程中会面临同学之间的矛盾、友谊问题等，也会与教师、家长和其他群体产生人际交往的困难，影响其心理健康。班主任可以引导学生学会有效沟通、解决问题的技巧，加强班级团结，组织团队活动促进师生与生生之间的交流和友谊，减少人际关系问题的发生，促进和谐氛围的营造。

3. 家庭问题疏导

家庭环境对学生心理健康有重要影响,离异、重组、留守等不同类型的家庭问题可能会导致学生心理困扰,甚至疾病。班主任可以与家长沟通合作,了解学生家庭情况,为学生提供家庭问题的疏导和支持,指导学生适当处理家庭问题,保持心理平衡。班主任还需要做好家长培训,加强家庭教育指导。

4. 情绪管理疏导

情绪问题是中小学生最常见也最易发的心理健康问题。学生可能会因为各种原因产生较大的情绪波动,如焦虑、抑郁、愤怒、沮丧等。班主任可以教授学生适当的情绪管理技巧,如深呼吸、放松训练、冥想、运动减压等,引导他们学会调节情绪,保持心理健康。

5. 自我认知与自尊心疏导

学生在成长过程中可能出现自我认知问题,自尊心较低,影响其自信和学习状态。班主任可以通过肯定、鼓励,放大学生的优点和努力,帮助他们建立积极的自我认知和自尊心,促进其健康成长,不断实现自我价值,提升社会意义。

6. 未来规划疏导

学生在成长过程中需要面对未来的职业规划、人生选择等问题,可能会产生迷茫和焦虑。班主任可以引导学生认清自己的兴趣和优势,帮助他们制订合理的未来规划,提供职业咨询和指导,让学生更好地面对未来的挑战。

这些常见问题越来越得到班主任的重视,并在班主任的积极处理下,形成了一定的个体经验和方法,能够较好地得到解决。但仍有一部分棘手问题,让很多老师深受其扰,难以妥善处理。

第二节　处理应激事件

在校园生活中,学生每天都会经历具有不同情绪色彩的事件,其中给学生心理或生理带来重大影响的突发性事件被称为应激事件。所谓应激,是指个体身心感受到威胁时的一种紧张状态,它由应激源和应激反应共同构成。[1] 学生往往无法妥善处理应激事件,因此需要班主任发挥育人智慧,协同各方力量开展心理疏导。常见的应激事件包括期望落空、校园挫折、重大考试等。

一、构建学生自我认知

青少年时期是每个人的人生中发生巨大变化的时刻,不仅身体迅速发展,还要经历认知和心理层面的重要转变。在这个阶段,许多青少年可能会面临自我认知问题,质疑自己的身份、价值和未来。但幸运的是,他们也有机会积极面对这些问题,促进健康的自我认知和心理成长。探讨如何助力青少年积极地应对自我认知问题,是班主任工作中不可缺少的一项内容。

【情境案例】

五(3)班的小郑同学是一个聪明能干的孩子,但是她对自己要求过高,遇事爱较真。班主任王老师非常担心她这种心态会

---

[1] 郑全全,陈树林,郑胜圣,等.中学生心理应激的初步研究 [J].心理科学,2001(2):212-213.

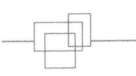

影响到生活、学习。果然,一次数学测试,小郑发现了一处错误,但是因为考试时间刚好结束,来不及更改了,她当即趴在桌子上大哭了起来。

【案例分析】

面对无法达成的预期目标,学生产生应激反应的原因是多种多样的,需要具体问题具体分析。

1. 具有一种特质:完美主义倾向

案例中班主任王老师对于小郑的评价是聪明能干,但她对自己要求过高,遇事爱较真。这说明自我要求高不是小郑在考试中一时出现的情境特质,而是在生活中长期形成的性格特质。然而,与实际能力不相匹配的高自我要求却会让人发展出完美主义倾向,在自我强加的高标准之下,产生强烈的自我批评,并对失败产生高度的恐惧。由此便可以理解小郑爱较真的心理动因,即不想因为没有达成要求而产生自我批评和感到恐惧。班主任要想对小郑进行有效的心理疏导,就要树立长期规划,持续调整其完美主义倾向。

2. 缺乏一种能力:情绪调节能力

案例中小郑面对没法修改答案而带来的压力感受,选择以大哭的方式来调节自己的情绪。对于小学生而言,哭仍然是一种有效的情绪调节方式;但对于小学高年级学生而言,大哭,尤其是在考场上大哭,已经不再是一种具有适应性的情绪调节方式。小郑本能地选择哭出来,说明她尚未掌握更成熟的情绪调节策略。因此,班主任需要以当前事件为契机,给予学生更多的应对方式选择,进而提升其情绪调节能力。

3. 习惯一种模式:父母教养方式

在小郑来不及更改错误的背后,是其一定要改正错误的自

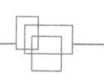

我要求。这种要求并不是与生俱来的,而是在成长环境中习得的。案例中班主任王老师非常担心小郑的心态,说明这种绝对化的要求不来源于学校环境。那么,这种内化的要求最有可能来自家庭环境,来自父母专制型教养方式。具体而言,父母对于孩子提出高要求,给予孩子低回应,只在孩子达成要求时进行表扬,并通过反馈让孩子不断提高对自己的要求。当班主任能够从家庭的视角看待孩子出现的心理波动,就会主动寻求家校共育的力量,通过沟通创造一致性的环境,进而帮助孩子调整心态。

【方法策略】

面对此类情境,班主任首先要对学生进行情绪安抚,等学生情绪平复后,班主任可采取以下举措助力学生的心理成长。

1. 以主动理解激活心理动能

对于小学生而言,情绪的稳定性决定了后续沟通的有效性。因此,从情绪平复到情绪平稳,还需要班主任开展更多共情工作。班主任需要在理解的基础上适时对学生进行肯定,当学生相信自己有能力解决问题时,就会主动参与到问题解决的过程中来。

2. 以结果辨析改变核心想法

班主任运用具体化技术帮学生看清结果,减少其因无法达到预期而产生的焦虑和恐惧,并与学生一起应对具体的担心。这种辨析可以改变"达不成预期就糟糕至极"的核心想法,进而使学生不断调整自己追求完美的人格特质;也使得学生有这样的理念,即自我要求不意味着绝对化的要求,而意味着适合自己的要求。

3. 以行动体验澄清自我要求

对于自我要求高、追求完美的人而言，学会区分完成与完美、接纳自己的不完美是重要的心理成长议题。立足于学生的长期发展，班主任可以在接下来的学习生活中给其布置行为作业，当产生预期要求无法达成的感受时，让学生分别写下此时的完成目标和完美目标，并先按照完成目标去做，看看会发生什么。当学生拥有了新的行动体验，就能够主动对自己固化的自我要求进行调整。与此同时，随着自我要求的不断澄清，学生逐渐不会再将无法达成预期要求识别为一种应激源，进而能将自己的情绪控制在一定的强度范围之内。

4. 以班级活动提升情绪能力

班主任可以结合小学生的认知特点，采用心理团体辅导活动等方式帮助学生觉察自己的不同情绪，采用心理剧演绎等方式帮助学生澄清情绪背后的想法，采用阅读心理读本、观看心理电影等方式帮助学生掌握更多具有适应性的情绪调节策略。通过活动育人，增强学生的情绪能力，进而提高其应对应激事件的能力。

5. 以家校合力开展家庭教育

作为家长的"育人伙伴"，班主任要在和学生沟通后，及时与其家长进行进一步沟通，了解其家庭教养方式，知道家长对于孩子的具体要求。同时，根据《中华人民共和国家庭教育促进法》的相关精神，围绕亲子沟通方式、相处模式开展家庭教育指导，使家长真正理解孩子当前的心理处境，通过创设具有抱持性的家庭环境引导孩子学会以正确的方式要求自己。此外，班主任还可以通过开设班级家长读书沙龙的方式，引导家长觉察不同家庭教养方式带来的育儿差异，进而促使家长采用适合的教养方式助力孩子成长。

【拓展延伸】

SMART 原则

SMART 代表具体（Specific）、可衡量（Measurable）、可实现（Achievable）、相关（Relevant）和时间限定（Time-bound）五个要素，它们是衡量目标合理性的重要标准。

具体性是指目标需要明确、清晰和具体化。它回答了以下问题：想要实现什么？为什么要实现它？如何实现它？具体性有助于学生明确目标的方向和内容，避免模糊和不明确的目标。

可衡量性是指目标需要能够被量化。它回答了以下问题：如何知道目标是否已经实现？如何衡量目标的进展和成果？可衡量性使学生能够明确目标的标准和度量方式，以便及时评估和调整我们的努力。

可实现性是指目标需要是现实和可行的。它回答了以下问题：目标是否在能力范围内？是否具备实现目标所需的资源和条件？可实现性帮助学生确保目标的可行性，并避免设定过高或过低的目标。

相关性是指目标需要与价值观、长期目标和环境相符合。它回答了以下问题：目标是否与长期规划和发展方向相一致？目标是否与现实和环境相适应？相关性确保学生的目标与整体的发展保持一致，避免偏离了整体的方向。

时间限定性是指目标需要设定明确的时间框架和截止日期。它回答了以下问题：目标的完成期限是什么时候？如何安排目标的时间计划？时间限定性帮助学生给目标设定明确的时间节点，促使其高效地组织和管理时间。

二、提升学生抗逆水平

"抗逆力"指个体身上能促进其成功地适应逆境并将危机转化为正向力量的一组特质。[①] 对于处于逆境中的儿童和青少年,抗逆力是帮助其做到对逆境"积极适应"的关键力量。但是,作为教育工作者,我们应该持有一种专业认同,即抗逆力并非全然天生。对于青少年儿童来说,学校环境、家庭环境以及社区支持等因素都是其抗逆力形成、壮大和发展的重要来源。

【情境案例】

小成在小学一直是学校学生干部,学习出类拔萃,工作也相当出色。进入初中,她竞选学校大队长一职,"一路过关斩将",自我感觉很好,但等到公布竞选结果时,大队长之职却花落小彤。落选后小成变得很消极,不喜欢参加集体活动,老师稍微批评一句就落泪。

【案例分析】

在成长过程中,学生难免会遭遇挫折。作为学生锤炼品格的引路人,班主任需要引导学生正确对待挫折,使挫折成为心理成长的契机。

1. 竞选失利损伤自我价值

案例中小成既往的成长经历十分顺利,从而让小成自我感觉很好。在小成看来,自己应该获得成功,且自身价值与成功体验密切相关。因此,面对竞选失利,小成在感到意外之余,更将

[①] 沈之菲. 青少年抗逆力的解读和培养 [J]. 思想理论教育,2008(1):71-77.

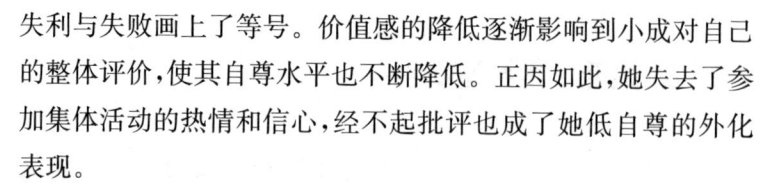

失利与失败画上了等号。价值感的降低逐渐影响到小成对自己的整体评价,使其自尊水平也不断降低。正因如此,她失去了参加集体活动的热情和信心,经不起批评也成了她低自尊的外化表现。

2. 反刍思维增强人际敏感

面对大队长之职花落小彤的现实,小成没有理性分析小彤获选的原因,而是反复思考自己为什么落选,这便是典型的反刍思维。所谓反刍思维,指的是个体在经历负性事件后,对事件、自身消极情绪状态及其可能产生的原因和后果进行反复、被动的思考。[①] 在反刍思维的驱使下,小成在学校人际交往中会变得越来越敏感,集体活动中来自他人的反馈很容易变成新的应激源,老师的批评则会让她一次次确认"我不好"的内心信念。因此,对于小成而言,不参加集体活动,回避他人的评价与反馈,是一种对自我价值的保护。

3. 关键节点缺乏人际支持

我们需要意识到,从竞选落选到变得消极,是一个过程而非突然的转变。在此过程中,小成既没有主动向外界寻求帮助,也没有人向小成提供应对挫折的有效支持。正是因为在落选时缺乏有效的人际支持,才让小成在落选后出现一系列消极反应。

【方法策略】

作为学生成长的"重要他人",班主任要主动发挥心理关爱功能,在充分了解学生现实处境的基础上,立足自我价值灌注、反刍思维调整、支持系统构建,帮助学生积极应对应激事件,实

---

① 郭素然,伍新春.反刍思维与心理健康(综述)[J].中国心理卫生杂志,2011,25(4):314-318.

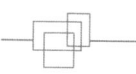

现在挫折中成长。

1. 主动理解，拉近距离

班主任首先要拉近自己与学生的心理距离，让其将自己视为应对挫折的同盟。班主任可以通过当面沟通或者写信的方式，表达自己近期对于学生的观察和关心，让其感受到来自班主任的支持。同时，班主任需要表达对于学生受挫反应的理解，将其正常化和合理化，利用"自己人效应"让学生真正相信自己，愿意在自己面前坦诚表达。

2. 真诚肯定，重建价值

学生仅仅因为诸如竞选失利等事件，就降低了自我价值感，进而产生自我怀疑，可见学生的自我价值在很大程度上来自他人的评价和反馈。这一特点可以被班主任利而用之。例如，班主任可以通过列举具体学习生活事例表达对学生能力的认可，也可以通过转述科任教师、同学的好评来帮助学生正确认识自己。人的价值来源应该是多元的，哪怕是遭遇挫折，一贯优秀的人仍然保有着自己的优势。当班主任能够引导学生认同这一点，就能重建其内心的价值感，进而帮助其脱离消极情绪。

3. 合理归因，明辨成败

对于班主任而言，帮助学生解开心结的重要一环就是引导其正确认识落选等事件的原因，用理性思维替代反刍思维。因此，在学生建立起基本的自我价值感后，班主任要及时澄清其对于竞选结果的归因方式：是内因还是外因？是可控因素还是不可控因素？在理性归因的基础上，进一步帮助学生树立正确的成败观。

4. 行动指导，促进转变

一次谈话并不能从根本上消除挫折带来的影响，因为价值感的重建是一个过程。因此，班主任需要使用更丰富的育人策

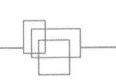

略,持续促进学生的心态转变。一方面,班主任可以邀请学生坚持写《自我肯定日记》,每天记录自己值得肯定的五件事,学会从自我评价中获得价值感。另一方面,班主任可以开展家庭观影活动,请学生利用节假日观看《夺冠》《阿甘正传》等励志电影,学习主人公应对挫折的态度与方法,采用替代学习的方式增强小成的抗逆力。

5. 家校共育,完善支持

班主任应当从班级和家庭两个方面,积极完善学生的人际支持系统。在班级中,借助平行教育提升全体学生的心理韧性与求助意识。可以围绕抗逆力等主题开展主题班会,在体验式学习中增强学生应对挫折的能力;可以开展漫画绘制活动,邀请学生将自己应对挫折的故事绘制成漫画,以寓教于乐的方式分享彼此的智慧;还可以设置"班级树洞"信箱,让学生将不便实名分享的受挫体验以匿名文字的形式表达出来,鼓励学生主动寻求身边的支持。与此同时,班主任也需要与家长保持密切沟通,引导家长主动关心经历应激事件的孩子,学会在日常生活中为孩子提供及时的肯定,帮助其建立稳定的自我价值感。

【拓展延伸】

挫折—倒退

从心理学的角度来看,挫折是指个体在从事有目的的活动过程中,遇到障碍或干扰。遭遇挫折的人往往表现为失望、痛苦、沮丧、不安等,不同的挫折情境、挫折认知会带来不同强度的挫折反应。挫折—倒退假说可以解释学生在受挫后表现出的退缩式反应,这一理论认为个体在遭受挫折后,会丧失追求目标的动机,进而会以倒退回低心理发展水平的行为来应对挫折,例如冷漠、哭泣等。① 班主任可以从培养责任感、效能感、辩证思维入手,提升学生的坚韧性人格,进而从根本上帮助学生做好应对挫折的准备。

三、调整学生考试心态

学业检测是对学生阶段性学业状态的反馈,包括学生学习理解、掌握和运用知识的情况,以便对后续学习目标、方法、过程等做出科学合理的调整与完善,以助力学生不断提高自己的学习质量。部分心理学研究表明,动机水平与学习效率之间呈倒U型曲线,并不是学习动机或者学习压力越大,考试就会发挥得越好。学习压力过大会产生焦虑和紧张,干扰学生的记忆和思维活动,使考试发挥水平失常。同时,中等强度的动机或者压力最有利于考试任务的完成。如何有效引导帮助学生调节好自己的考试心态,是班主任带班育人工作中的常见命题。

【情境案例】

随着高考的日益临近,一部分学生出现过度紧张、焦虑、恐惧等心理问题。高三学生小伟这几天吃饭、睡眠都不好,感觉所剩时间太少,而要复习的内容太多,但越是感觉时间不够,却越学不进去。

【案例分析】

对于学生而言,高考是一场具有重要意义的选拔性考试,因

---

① 胡韬. 国外主要挫折理论及其教育启示 [J]. 贵州教育学院学报, 2009, 25 (2): 13-16.

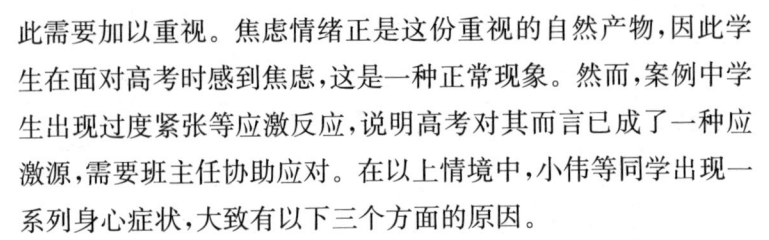

此需要加以重视。焦虑情绪正是这份重视的自然产物,因此学生在面对高考时感到焦虑,这是一种正常现象。然而,案例中学生出现过度紧张等应激反应,说明高考对其而言已成了一种应激源,需要班主任协助应对。在以上情境中,小伟等同学出现一系列身心症状,大致有以下三个方面的原因。

1. 因备考不充分引发过度焦虑

小伟可能存在以下两种复习准备不充分的情况,一是因为前期的懈怠,确实造成了知识的疏漏;二是因为缺乏自己复习的策略,无法有效组织已经学习的内容并形成知识脉络。但无论是哪一种情况,学生都会因当下准备不充分且没有时间去弥补而产生很强的现实性焦虑。面对这一情况,班主任需要把握主要矛盾,用精准的学法指导缓解现实性焦虑。

2. 因期待不适切引发过度焦虑

随着高考日益临近,学生对于高考的认知会越来越具象化:我究竟能考多少分?我能不能考上理想中的大学?我要为了谁考出一个理想的成绩?随着想法变多,学生的期待被不断拉高,他们也会因此对自身的能力产生怀疑。与此同时,不适切的期待可能也不仅仅产生于小伟自身,父母的提醒、老师的叮咛都有可能内化为小伟的自我要求,进而引发持续的焦虑。

3. 因对比不理性引发过度焦虑

案例中一部分学生都出现了过度紧张、焦虑、恐惧等心理问题,说明班级整体处于较为焦虑的氛围之中。这种集体性的焦虑,很有可能是因为学生将自己的迎考状态与他人进行盲目对比。这部分学生在由不理性比较引发的焦虑中逐渐失去了自己的节奏,总会觉得"别人什么都会,只有自己什么都不会"。

【方法策略】

心理学研究表明,适度的焦虑既有利于进行更充分的准备,又有利于提高任务表现水平。因此,面对案例中学生出现的身心状况,班主任应多措并举,将学生过度的焦虑转化为适度的压力。同时,立足学生的身心发展,提升学生自我关照、情绪调节的能力。

1. 积极共情,厘清现状

班主任首先要通过共情传递出对学生的关心和理解,帮助其树立一种观念,即临近高考感到紧张是一种普遍出现的正常现象。班主任可以通过自身或者往届毕业生的相似事例,打消学生对于自身状态的担心,避免其因为焦虑本身而产生更多的次级焦虑。准确的共情可以带来情绪的平复,在学生从感性走向理性后,班主任可以与其一同探讨造成自己这几天心理波动的具体原因。在澄清原因后,班主任要成为学生解决问题的同盟,持续给予其支持。

2. 调整认知,传授技巧

心理学中的情绪 ABC 理论告诉我们,人的负性情绪并不是由事件直接造成的,而是由不合理信念带来的。如上述案例中,班主任要从小伟的表述中找到其核心的不合理信念,并通过寻找事实依据建立其理性信念。对于"所剩时间太少,要复习的内容太多",班主任要和小伟澄清究竟是还剩下很多内容没有复习到,还是复习了一遍又一遍自己总感觉没复习到位。对于学生感觉自己还没掌握的内容,班主任可以通过反馈科任教师评价、分析近期考试成绩、回顾错题本和整理本等方式,激发学生的理性认知,帮助其找到自己身上的应对资源。同时,结合小伟当前面对的睡不好、过度焦虑等问题,适时教授呼吸放松法、渐进式肌肉放松法等放松技巧,通过带领小伟现场学习和体验,增强其调节焦虑情绪的技能。

3. 学法指导，全员关爱

班主任可以从具体学业困扰入手，结合具体事例，与学生分享高考前这一阶段行之有效的学习方法。例如，当感觉复习内容过于繁多时，采用"小步走"策略，将内容拆解到每一章节，通过完成小任务获得成就感与信心，进而更好地完成整体复习任务。与此同时，班主任要充分发挥班级科任教师的育人功能。一方面，鼓励学生积极寻求科任教师的学业帮助。另一方面，邀请科任教师在答疑解惑的过程中给予学生更多情绪支持及信心灌注，为学生提供立体式的助力。

4. 平行教育，环境育人

随着高考的日益临近，班级中一部分学生都出现了过度紧张等心理问题，需要面向全体学生进行高考前的心理健康教育。班主任可以通过以下方式开展平行教育，一是开展"从容应对考试"主题班会，通过列举高考前典型的心理状况及相应的应对方法，帮助学生缓解焦虑，掌握策略，树立信心。二是开展情绪放松主题的心理团体辅导活动，在活动的过程中让学生释放压力、感受人际支持。除此之外，班主任还可以积极创设有益于高考备考的班级文化环境，邀请学生每人书写具有鼓励作用的温暖话语，张贴在班级的宣传栏中。通过"每日一句"，为学生持续提供心理能量。

5. 家校共育，持续赋能

班主任要及时与家长沟通孩子在高考前的状态表现，与家长分享能为孩子提供支持的沟通方式，进而使班级和家庭成为具有一致性的赋能环境。针对班级整体情况，班主任也可以通过召开线上家长会等方式，使家校统一思想和目标，邀请善于陪伴的家长做经验分享，实现家长之间的相互赋能。

【拓展延伸】

呼吸放松法指导

用一个舒适的姿势坐在椅子上,双腿垂直于地面,双手放在大腿上,闭起双眼。将注意力全部放在呼吸上,首先慢慢地呼气,感觉把肺部的空气缓缓排空,然后用鼻子慢慢地、深深地吸气,心里默数 1—2—3,感受到腹部微微隆起,屏住呼吸保持 3 秒钟,此时会感到胸口温暖而沉重,慢慢地呼气,并在心里默数 1—2—3—4—5,想象烦恼、担心也随着这些气体一起被呼出了体外。慢慢地深吸气,默数 1—2—3,保持,呼气,默数 1—2—3—4—5,慢慢地深吸气,默数 1—2—3,保持,再呼气,默数 1—2—3—4—5,深吸气,保持,呼气。多练习几次,会感觉身体越来越放松,心情越来越平静。

第三节　调和人际冲突

中小学生在成长过程中常常面临各种人际冲突和交往问题,这对于他们的心理健康和社会适应能力都具有重要影响。在教育实践中,重视中小学生人际冲突的疏导与交往教育至关重要。有效的人际交往指导可以帮助学生建立良好的人际关系,提升他们的沟通能力、解决问题的能力和情绪管理能力。

一、融入班集体生活

班级是青少年学生社会化的重要场所。[1] 在形式上,班级

---

[1] 齐学红. 班级社会空间:作为一种隐蔽课程的道德教育 [J]. 班主任,2013(5):5-8.

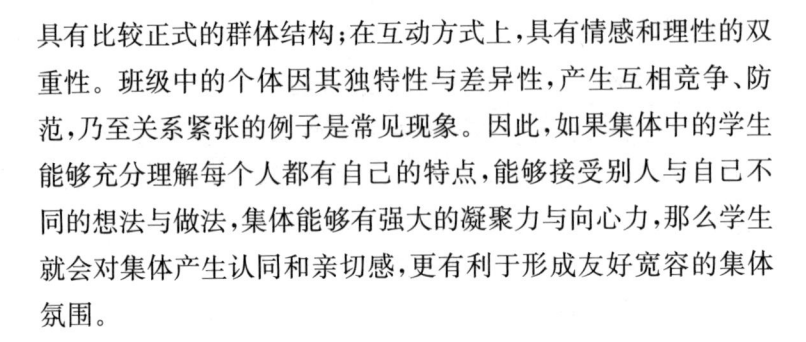

具有比较正式的群体结构;在互动方式上,具有情感和理性的双重性。班级中的个体因其独特性与差异性,产生互相竞争、防范,乃至关系紧张的例子是常见现象。因此,如果集体中的学生能够充分理解每个人都有自己的特点,能够接受别人与自己不同的想法与做法,集体能够有强大的凝聚力与向心力,那么学生就会对集体产生认同和亲切感,更有利于形成友好宽容的集体氛围。

【情境案例】

小强是四年级的学生,平时淘气、自私,上课不遵守纪律,总是影响全班同学的听讲,同学们都不喜欢他。本学期的春游要以小组为单位在公园里展开拓展活动,学生们都自愿组合成了小组,但没有一个小组愿意让小强加入。

【案例分析】

小学生处于成长和发展的关键阶段,他们的认知和情感发展尚未成熟,常常表现出自我中心、自私等特点,这种特征使得他们更容易产生只关注自身需求、忽略他人感受的行为。小学也恰恰是一个学生社会化发展的重要阶段,他们在学习如何与他人相处的过程中,会不可避免地产生人际矛盾,他们正在学习如何与他人分享、合作和尊重他人,这是一个需要时间和指导的过程。

1. 家庭环境过于溺爱

家庭环境对儿童行为和价值观的形成有重要影响。小强在家庭中可能缺乏合理恰当的关爱和指导,父母的无条件满足、隔代溺爱、家庭生活过于优越、基本没有的底线要求都有可能是导致他在学校表现出淘气、自私、不守纪律的原因。

2. 自我认知和行为管理失当

四年级的学生具有一定的自我管理能力,这主要体现在他们有相对准确的自我认知(即我是一名中年级的小学生,我应该遵守学校和班级的相关规定与要求),也具备相应的自我约束、提醒和承担后果的能力(即当我遵守规则时,我知道自己会受到什么样的鼓励或奖励;当我违反规则时,我明白自己会接受怎样的惩罚,我能够为自己的行为负责)。而从案例描述情况来看,小强在与人交往中,并不是一个能够遵守基本规则的学生。

3. 社交技能欠缺

小强因为自身的行为表现,让自己成了班级里不那么受欢迎的学生。他无法有效地与同学们建立良好的关系,从而导致同学们不喜欢他,并不愿意与他合作。

4. 心理需求被忽视

小强很可能在某些方面存在心理需求的缺失,家人、老师、同学对待他的方式导致他想通过引人注意来满足自己的需求,从而表现出持续性的淘气和不遵守纪律的行为。屡教不改的背后,可能有更为深层次的原因。

【方法策略】

多角度分析原因,就为寻找策略提供了多维度的视角。就此案例,班主任不妨从以下三个方面展开尝试。

1. 个体指导,关注学生内在的真实需求

班主任要趁热打铁,与小强进行个别沟通,了解他当下的感受,进一步追问,打开小强的内在需求和困扰(之前分析中提到的家庭、自身、班级等多方面原因),帮助小强建立积极的自我认知和基本的自我约束、自我管理的能力。

班主任还需要与小强做出行为约定,哪些行为需要改变、怎么改变,如果破坏班级规则接受什么样的惩罚,都需要借此机会一并与小强沟通到位。建立明确的惩罚与奖励机制,对小强的行为进行引导和规范,让他明白好的行为会带来正面的结果。这也是在为小强进行人际交往的指导,帮助小强学会与同学们有效沟通和建立良好关系。

班主任与小强的个别交流和指导是根本,只有小强的行为受到约束、进行改变,才有可能赢得其他同学的信任与接纳。

2. 家校合作,争取教育方向上的一致性

班主任需要主动联系家长,围绕本次事件反映出的问题展开交流,争取密切合作。

在交流策略上,可采取"后果演绎"法,告知家长小强因为自身长期的行为表现造成的后果,呈现出孩子的难过、反思,引导家长意识到行为问题在人际交往中存在的隐患,帮助家长提升认知,争取合力。

当家长能够理解班主任的出发点是为了孩子的发展与成长,而不是为了惩罚或简单解决工作烦恼,家长也会更容易与班主任保持行为和要求上的一致,提供必要的支持和引导。

3. 班级活动巧设计,做好学生与学生的中间人

班主任是学生与学生交往的中间人,要想办法帮助小强融入集体。

一方面,可以请同学们关注小强的行为改变,给他以信心和动力,鼓励同学们接纳"全新的"小强,在行动中监督他、带动他、影响他;另一方面,也可以在更多的班级活动策划中给予小强机会参与和展示自己的能力,逐步改变同学们对他的看法,促进班级整体的团结和融洽氛围。

针对本次春游分组,如果同学们还有自己的担忧与顾虑,班主任也不妨缓一缓。可以招募一些同学和自己组队,来个"师生

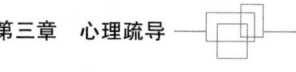

同乐"小分队,小强也是其中一员。这样就可以在班主任的引导下,一步一步地拉近小强与同学们的关系,慢慢转变小强的形象。

通过以上措施的综合应用,可以帮助小强改善自身行为,促进他在学校的积极发展,同时也有助于改善班级整体的氛围和同学之间的关系。

【拓展延伸】

儿童的人际交往

1. 儿童人际关系之亲子关系的发展

亲子关系是儿童与父母之间建立的一种人际关系。它是在家庭生活中逐渐形成并发展起来的。婴儿大约在6个月以后就与父母建立了一种稳定的亲子关系,婴儿便形成了依恋。这种依恋促进了父母与儿童之间的亲密性和接近性,给儿童提供一种安全感。

小学学段的儿童与父母的关系处在共同控制阶段。他们的人际交往逐渐丰富起来,与同伴的交往也明显增多,与父母的关系从依赖开始走向自主,从对成人权威的完全信服到开始表现带有批判性的怀疑和思考,但与父母仍然保持着亲密的关系,他们对父母仍然怀有深厚的依恋的感情,与父母的关系在其发展上仍起着重要的作用。父母通过榜样作用、强化和约束,培养儿童形成为社会所接受的行为方式,发展儿童的亲社会行为。父母参与学校活动的程度和水平、父母与儿童的交往质量、父母的期望和观念等都与儿童的认知发展水平及学业成绩等存在密切关系。

与此同时,父母对儿童的发展也具有消极影响。亲子之间也存在非安全型的依恋关系,如父母拒绝儿童、对儿童反应的敏

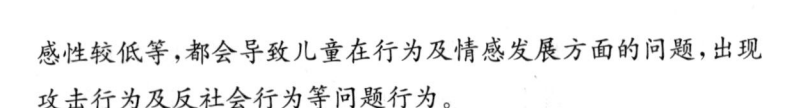

感性较低等,都会导致儿童在行为及情感发展方面的问题,出现攻击行为及反社会行为等问题行为。

2. 儿童人际关系之同伴关系与友谊的发展

同伴关系是年龄相同或相近的儿童之间的一种共同活动并相互协作的关系,是儿童除父母、教师以外的另一重要的社会关系。

同伴交往是儿童社会性发展的一种重要手段。一般说来,儿童与成人的交往关系是不平等的,主要是照顾者、教育者与被照顾者、被教育者之间的关系。与之相比,同伴交往更加平等、互惠和自由。这种新型的人际关系为儿童的社会性发展提供了全新的体验和探索,从而更有利于其社会交际能力和社会判断力的发展。

3. 儿童人际关系之师生关系的发展

随着年龄的增长、知识的增加和社会经验的丰富,儿童对教师的认识和态度在不同学段均有不同程度的发展和变化,即师生关系的特点随着儿童年龄的变化而变化,不以人的意志为转移。

刚入学的儿童,几乎都对教师充满了崇拜和敬畏,教师在儿童的心目中是绝对的权威,教师要求他们做到的一切,他们几乎都无条件地服从,教师的要求甚至比家长的话更有效果。在这个时期,师生关系比较平稳,儿童对教师的绝对服从心理有助于他们很快学习、掌握学校生活的基本要求。

从三年级开始,随着同伴之间交往的增多,特别是随着年龄增长,儿童的独立性和评价能力也随之增长,儿童无条件信赖、服从教师的程度有所下降,他们对教师的态度开始变化,开始对教师作出评价,对不同的教师也表现出不同的喜好,对于满意的教师表现出亲近,并报以积极反应,对于不满意的教师表现出疏远或反抗。在这个时期,师生关系中出现了不平稳状态,教师的权威地位开始受到挑战。

建立理想的亲密型的师生关系,要求教师建立正确的学生观,尊重、热爱学生,承认个别差异;客观公正地评价学生,平等地对待每一位学生;改善师生心理环境,无条件地接受学生并对学生有移情性的理解,学会赏识、激励和宽容,善于向学生表现自己良好的期望;加强自身修养,保持平和心境;恰当使用教师的教育权力,用权要合法、合理、合情。

二、建立合理竞争观

班级是学习活动的行动单位,有利于每位学生的平等发展是建构班级人际关系的基本原则。作为班主任,更要积极思考建立彼此支持的群体关系的可行性策略,而非片面制订看似和谐、整齐划一的组织与秩序。研究表明,鼓励互助与支持要比鼓励竞争更容易产生积极向好的学习效果。作为一线实践者,班主任应该以积极的态度对待学生,以公平的视角关注学生,以正向的期待引导学生,努力引领班级形成一种互相支持、互相肯定的风貌。

【情境案例】

小A和小B是同班同学,小B无论是学习成绩、才艺表现还是同学人气方面都要比小A优秀,小A对小B产生了嫉妒心理。小A建立了一个QQ群把班里的同学拉进群里,讲一些关于小B的坏话,并挑拨同学之间关系,甚至还制订了第二天大家排挤和孤立小B的计划。群里的一名学生发现了事态的严重性,及时向班主任报告。

【案例分析】

很明显,这是一个由于初中生嫉妒心理而引发的网络群空间排挤他人的事件,如果不加以制止,非常有可能发展为校园霸凌和网络暴力事件,造成难以挽回的后果。但是班主任如何才能积极、有效地做好教育引导,避免因教师介入造成学生之间更大的矛盾,转移至其他网络空间进行施暴呢?这就需要从初中生的心理特点出发,全面分析他们的思想状态和思维逻辑。

1. 自我认知和身份认同的探索

初中生正处于青春期,他们开始对自己的身份、角色和价值观进行探索和建立,因此会出现对自我认知的挑战和变化。[①]他们开始关注"我是谁,我从来哪里来,我要到哪里去"这样的哲学问题,更在意他人(家长、老师、同学等)对自己有怎样的评价。这些来自自身和他人的评价,都会对初中生的自我认知和身份认同产生影响。由于身体激素水平迅速提升、荷尔蒙分泌加速、心理发展滞后等综合因素,他们往往表现得冲动、情绪化,行为不计后果。

2. 社会性交往需求增强

初中生对同伴关系和群体认同有着强烈的需求,他们渴望被接受和认可,同时也会受到同龄人和网络文化的影响。一方面,他们表现出较强的独立性和自主性,凡事希望能够靠自己做出决定和选择,同时也需要得到家长和老师的支持与指导,希望得到同伴的认可和配合。另一方面,他们很容易受到网络和社会生活中亚文化的影响,求新、求变、求个性。随着身高、体型、体能的变化,初中生在外形特点上呈现出较大的发展差异,这也

---

① 张淑华,李海莹,刘芳. 身份认同研究综述 [J]. 心理研究,2012,5 (1):21-27.

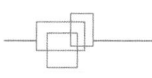

加剧了他们心理上的变化,恃强凌弱、欺善怕恶、嫉妒心强等行为在初中生身上逐渐出现。再者,他们成长在网络时代,信息良莠不齐,很容易接触到含暴力、欺凌等内容的短视频和文字片段。若不加以正确引导,就会出现判断力不强,跟风、模仿,不断犯错的情况。

3. 对未来的焦虑和压力显性化

与小学生相比,初中生面临着更加直观的升学压力和未来的不确定性,因此很容易表现出焦虑和强压迫感,影响他们的心理健康。初中生的能力和价值还在建立阶段,在同龄人中存在着对比和竞争意识,加上现实教育中家长和老师对分数的强调,往往加剧了学生心理上的争强好胜,压力增大。当看到同伴在某些方面比自己优秀时,学生便会感到自尊心受挫,感觉被忽视,会产生嫉妒情绪,并希望能够超越对方。

【方法策略】

班主任在处理此类事件时,要保持较高的教育敏感性,想明白以下三个问题。

第一,班主任如何介入才不会加剧小 A 的嫉妒心理;第二,小 A 是否会质疑群里有"告密者",从而对其他同学采取类似的孤立、说坏话等行为,进一步造成小 A 的消极心理;第三,小 B 对于小 A 拉群说坏话的事情是否知情,知道多少,以及产生了怎样的负面感受。

很多时候,在协调和解决同伴交往矛盾时,班主任都造成了好心办坏事的结果。实际工作中,可以从以下三个方面着手处理此事。

1. 转变认知,向小 A 阐明行为后果

引导小 A 转变认知,使其能够积极地欣赏他人,向他人学

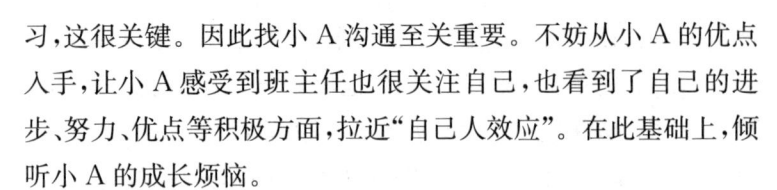

习,这很关键。因此找小 A 沟通至关重要。不妨从小 A 的优点入手,让小 A 感受到班主任也很关注自己,也看到了自己的进步、努力、优点等积极方面,拉近"自己人效应"。在此基础上,倾听小 A 的成长烦恼。

班主任还可以采取"角色代入"法与小 A 沟通,告诉小 A 其实老师也经历过类似的阶段,看到比自己优秀的同学难免产生一些微妙的心理比较,有失落感,也有嫉妒感。老师的经验是多看他人长处、向他人学习才能更好地发展自己。

在深入谈话时,班主任还需要挑明,如果真的在 QQ 群里对小 B 进行一系列的排挤、孤立等行为,那就是校园霸凌,是要负法律责任的。明确后果,让小 A 知道严重性,并要求小 A 解散 QQ 群,立即终止对小 B 的言语伤害。

2. 集体教育,引导学生正确看待同伴交往

小 A 的行为在班级群体中一般也会引发连锁反应,群里的学生怎么看待此事,怎么传播此事,是否会进一步效仿,都是班主任需要妥善处理的。因此,班主任有必要通过班会或班级议事等形式,展开集体教育,引导同学们正确看待自身发展和同伴交往。安全用网、文明用网、依法用网也是重点需要交流的话题,避免学生成为网络中的施暴者。

在日常管理中,班级可以多开展集体活动,让更多的学生有机会展示自己的不同方面,用多元评价促进学生积极发展。

3. 关心小 B,助力其更好地与人交往

班主任要积极关心小 B,首先要降低这件事对他的影响。同时要肯定群里的学生(发现小 A 在群里的不当行为)及时向老师反映情况的行为,维护了班级的和谐氛围。

班主任要引导小 B 成长为"优秀而不耀眼"的学生,在追求卓越的成长道路上,一方面做好自己,另一方面服务班级,带动

更多的同学,这样的能量可以推动小B持续发展。

了解初中生在身心发展和嫉妒心理等方面的成因与思考,有助于班主任和家长更好地指导和帮助学生健康成长。促进初中生的心理健康发展,培养他们正确的竞争意识和价值观,对于他们的成长至关重要。

【拓展延伸】

1.《防范中小学生欺凌专项治理行动工作方案》
2.《未成年人保护法》

三、融洽师生关系

班主任是学生成长的关键人,介入学生的日常生活是常态;同时,班主任也是以班级学生为基础的教师团队的领导者,介入师生关系也是常态。因此,在现实生活中,学生一旦与科任教师发生冲突,第一时间找到班主任是常见现象。作为问题解决者的班主任就需要秉持理性、公正、关爱等基本原则来判断情况,以积极的态度处理和缓和冲突。

【情境案例】

上课时间,课代表来找班主任王老师,说有同学和科任教师发生矛盾,正僵持不下。班主任赶到教室,发现气氛很僵,科任教师怒气冲冲地说:"该学生吵闹影响了我上课,我训了他几句他还顶嘴,我让他站到门外他偏不肯走,请班主任来解决一下。"这个学生气呼呼地坐在那里,其他同学在一旁看着他和老师,谁都不敢说话。

【案例分析】

高中生处在从半成人感向成人感过渡的阶段,他们的自我意识极强,容易表现出叛逆或挑战权威的行为。同时,他们的情绪波动较大,常常如干柴一点就着,受到外界影响而产生消极情绪的机会大大增加。

1. 高中生心理与行为易造成冲突

高中生对权威的态度不再像小学和初中阶段那样或亲师或服从,相反更容易表现出对权威有一定的质疑和挑战,更想表达出自己不同的观点,又因为表达方式不成熟,容易在交往中造成冲突。

2. 班主任较难把握面对师生冲突中的角色与功能

面对学生与科任教师之间的冲突,班主任夹在其中,往往很难操作。站在学生一方,容易造成同事之间的隔阂,虽然嘴上不说,但心中打了结,影响团队的育人合力;站在科任教师一方,学生往往不服气,觉得自己的立场没有被尊重,权益受到侵害,从而间接地与班主任之间产生嫌隙。两边和稀泥,也不是明智的做法,表面上暂时缓和了师生冲突,实际上加深了彼此内隐的矛盾,保不准后面遇到其他事情时,冲突会升级,更加难以收拾。

3. 情绪管理失控掩盖真实问题的根源

从案例描述中,我们可以预见问题的根源也许并不在于是非对错,而是学生和科任教师之间相互面子的问题。学生当着全班同学的面被老师批评,可能感到自己被冤枉、受了委屈或不被理解,导致情绪激动;科任教师感到自己的权威受到挑战,加上学生的对峙在一定程度上占用了课堂时间,影响课堂节奏,所以更加气愤,导致情绪失控。

【方法策略】

对此类班级突发状况,班主任需快速作出反应,并积极介入。

1. 先处理情绪，再解决问题

课堂是教师的主阵地，保障全班同学的受教育权是第一要务，所以要先恢复课堂秩序。班主任可以对事件做简单陈述，做好冲突师生的桥梁，让双方冷静下来，正常推动课堂进程。

同时，出于对老师和学生的尊重，可以询问一下他们各自是否可以用冷静的心态把本节课进行完。如果学生表达他不能上课，班主任可先邀请他到办公室冷静一下；如果学生选择留在教室，班主任也需要多陪伴一会儿，保证充分的冷静期。科任教师这边，一般会以大局为重、以教书育人为核心，主动调整。其实，双方都需要一个台阶，停止争执，恢复冷静。班主任做好中间人，给足双方面子，先处理情绪，再了解问题，就把控住了局面。

2. 倾听双方诉求，积极沟通调解

班主任在协调师生冲突时，不适合将双方放在一起，否则就是在逼自己"站队"，但是需要第一时间跟进。下课后，班主任要立刻与科任教师打好招呼，几句话安抚好科任教师的情绪，告知其先了解和处理学生，稍后再主动与科任教师交流，请他见谅。这样安顿好双方，安排出沟通的先后顺序。

班主任需要分别倾听学生和科任教师的诉求，了解双方的立场和想法，避免偏袒任何一方。了解学生为什么表现出这样的行为，可能有其他背景或原因导致他的反抗，向其他同学了解情况，尽量多的还原真相。允许学生充分表达和倾诉，适时点头、赞同学生合理的内容，接住他的情绪。当学生表达完后，班主任要引导学生分析自己在这次对抗性事件中存在的不足，反思不恰当、冲动的地方，并鼓励学生针对自己有错的方面向老师道歉。再去了解科任教师心中的委屈，认可科任教师对班级的管理行为，在倾听与认同的过程中，寻找契机，帮助学生做出适当的解释，让科任教师了解到学生并非想冒犯和挑衅，在这个过

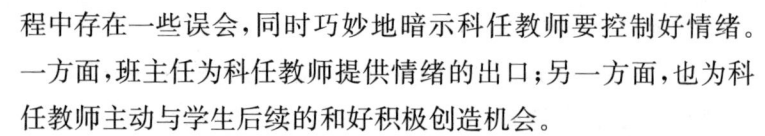

程中存在一些误会,同时巧妙地暗示科任教师要控制好情绪。一方面,班主任为科任教师提供情绪的出口;另一方面,也为科任教师主动与学生后续的和好积极创造机会。

班主任以平等、尊重的态度,引导双方"把话说清、说准、说透",促使他们换位思考,帮助双方找到解决问题的方法,提出建设性的解决方案。

3. 分层指导,教会学生解决情绪冲突的方法

学生面对不同的对象(老师、家长、同伴)会"扮演"各自不同的角色,因此在面对人际冲突时,他们也需要采取不同的方法,这就要求班主任结合不同对象给予学生分层指导。所以,在师生关系中,学生需要更主动地收住自己的情绪,如果觉得自己遇到了委屈、不被理解,可以在课后找到班主任或科任教师进行沟通,因为高中生具备了和教师平等对话的心智及能力水平。

如果是亲子冲突,家长是孩子的抚养人,血浓于水,但这往往也成了孩子伤害家长的利剑。因此,遇到亲子冲突的时候,孩子应该多换位思考,想一想家长的出发点,想一想平日里家长对自己的好与付出,这样能够更加主动地调节自己的情绪。

如果是与同伴之间发生冲突,因为双方都是易冲动群体,所以一定要避免"得理不饶人"和"无理取闹"两个极端。找好中间人,当说理没有办法解决的时候,就向中间人寻求帮助,由另外的同伴或老师进行协调,这样可以更有效地解决双方的矛盾冲突。

在对全班学生进行人际交往指导时,班主任需要澄清自己对这件事的看法,告知学生情绪无对错,但是错误地放大情绪会伤害到自己和对方。要强调尊重、沟通和合作的重要性,促进学生和老师之间形成的良好关系。班主任还需要进一步指导学生在解决矛盾后,通过制订明确的规则和约定,帮助彼此更好地相

处和避免类似情况再次发生。

【拓展延伸】

荣格的人际冲突理论

1. 自我认知

荣格认为,解决人际冲突的第一步是了解自己的内心世界,包括自己的情感、欲望、价值观等。只有了解自己,才能更好地与他人进行交流、协商,解决冲突。

2. 包容性思维

荣格认为,人际冲突的解决需要一种包容性思维,即尊重他人的观点、理解他人的情感,同时也要让他人理解自己的观点、情感。只有在双方都能理解对方的立场,才能达成共识,解决冲突。

3. 沟通技巧

荣格认为,有效的沟通技巧是解决人际冲突的关键。在沟通过程中,需要注意语言的表达,肢体语言的运用,以及沟通的情境等因素。只有在有效的沟通中,才能确保双方彼此理解、达成共识。

4. 合作与竞争

荣格认为,人际冲突的解决需要一种合作与竞争的平衡。在解决冲突的过程中,既要保持合作的态度,又要保持一定的竞争意识,以确保自己的利益不被侵犯。

第四节 提升网络素养

当代青少年自出生起就生活在网络高度发达的环境中,使用各类数字工具早已成为他们日常的生活方式,因此他们也被称为"数字原住民"。统计显示，截至2023年6月，中国未成年网民规模突破1.91亿。北京师范大学发布的《新时代数字青年网络素养调查报告(2023)》指出，青少年网络素养整体平均得分为3.56分，略高于及格线，有待进一步提高。互联网的飞速发展，拓展了未成年人学习、生活的空间，同时也给广大青少年带来了上一代人不曾遇见过的挑战。对于青少年而言，网络的"双刃剑"属性尤其明显。一方面，网络使信息触手可及，更强的数字连接带来了更多的成长机遇；另一方面，由于青少年身心发展尚不成熟，自控力、判断力较弱，在使用网络时也会面临更多风险。我们将聚焦青少年的网络依赖，以有效的引导促进学生网络素养的提升。

一、科学规划生涯发展

职业生涯规划是心理健康教育中的重要主题之一。迈入青春期不久的中学生，经历着建立自我同一性的关键时期，在这个关键期如果能够具备初步的职业生涯规划意识，将为日后学习与生活奠定良好的基础。加德纳的多元智能理论告诉我们，每个人都是独一无二的个体，都是可能在不同领域闪光的"金子"。作为班主任的我们，如果能够充分发现这些"金子"的潜在光芒，助力他们拨开迷雾见日光，会有利于提升学生的自信心，对其未来的发展起到重要的作用。

【情境案例】

八年级(1)班的小明迷上了打游戏，并且能在游戏直播中赚到钱。据他自己说，自己一个月能赚到7 000元左右，他还劝说班级很多同学也观看其直播并打赏，一时间很多男生跃跃欲试。

因为大部分时间和精力都花在了游戏上,小明的成绩一落千丈,上课睡觉、不做作业,爸爸妈妈劝说他,他竟然说不读书他也能养活自己。课间他经常和同学聊游戏攻略、聊网游平台、聊直播赚钱,给班级带来了不小的负面影响。

【案例分析】

在新兴职业不断涌现的互联网时代,游戏主播确实是一种生涯选择。但如何引导学生真正为这一选择做好充分的准备,是班主任需要思考的问题。要协助学生摆脱游戏沉迷、回归学生角色,就要分析其当前生涯发展观念形成的原因,并在此基础上协助其树立正确的生涯发展观。

1. 缺乏法律意识

《未成年人保护法》明确规定,网络直播服务提供者不得为未满16周岁的未成年人提供网络直播发布者账号注册服务。由此可见,初中生不得从事网络直播。因为缺乏法律意识和必要的法律教育,小明没有意识到游戏直播对于现在的自己而言是"不可为"之事。

2. 缺乏正确的学习观

小明把大部分时间和精力都花在游戏上,说明他认为当前的学习与未来从事游戏直播行业毫无关联。事实上,初中阶段的学习一方面是为了学知识,另一方面也是为了培养学习能力,其中就包括找到高效的学习方法、学会管理时间等。这些学习能力是可以迁移的,能够帮助小明更好地达成成为游戏主播的生涯目标。片面的学习观可能会限制了小明的长远发展。

3. 缺乏正确成才观的引导

面对父母的劝说,小明却以能够通过游戏直播养活自己作为反驳,说明在他看来,生涯发展的最终目标就是为了赚钱。在听说小明一个月能赚 7 000 元左右后,班上不少男生也心动了,说明"拜金主义"观念在班级中普遍存在。这一观念既显示出学校教育的缺失,也揭示了家庭教育的缺位。

4."幸存者偏差"不断强化非理性观念

无论是在小明还是其同学,他们看待事物都存在着典型的"幸存者偏差",即只能看到经过筛选之后的信息,而忽略了被筛选掉的关键信息。[①] 小明只因为自己有一个月赚到了钱,就认为以后也一直都能赚到钱;同学因为听说小明赚到了钱,就认为自己也能通过和其交流网络游戏和直播而赚到钱。当学生选择忽略这一生涯发展路径中的困难时,就很容易形成"做游戏主播很容易""做游戏直播很好赚钱"这样的非理性观念,进而采取非理性的生涯行动。

【方法策略】

面对班级"网络游戏之风"盛行的现状,班主任既要做好关键学生的个体引导工作,也要做好班级学生的集体教育工作,以点面结合的方式培养学生正确的生涯发展观。

1. 积极肯定,建立生涯发展同盟

案例中小明能在游戏直播中赚到钱,说明其具备一定的动手操作能力和人际表达能力。同时,他热衷于和同学聊游戏和直播,说明其具备一定的钻研探索精神。班主任需要运用积极心理学视角,看到问题行为背后彰显出的学生能力,同时在沟通过程中率先肯定学生的能力。这种积极肯定不仅能拉近师生之间的距离,更能使学生相信班主任不是来阻碍自己实现梦想的,

---

① 祝国强. 趣谈统计工作中易忽视的错误——幸存者偏差 [J]. 中国统计,2014(9):53-54.

而是来帮助自己更好地进行生涯规划的。班主任与学生建立起生涯发展的同盟关系,就能促进学生后续的理性思考,进而主动改变自身行为。

2. 提供信息,调整生涯发展认知

在与小明谈心前,班主任要进行充分的信息收集,深入了解电子竞技员这一职业以及国内游戏直播的行业现状,以完整信息消除学生的"幸存者偏差"。班主任可以先澄清小明生涯发展的目标是成为专业电竞运动员还是独立游戏直播者,然后结合具体人物案例向小明介绍这两条路径的行业前景,使小明认识到自己尚不满足的条件以及需要提升的空间。有效的信息不仅能使小明认识到未来目标与当下行为之间的差距,更能让其意识到学习与游戏并不是全然对立的,现在的用心学习是为了给未来提供更多的可能性,当游戏直播这条路走不通时,自己未来还能有其他的选择。

3. 行动指导,明确生涯发展路径

当小明对于游戏、直播的认知发生改变后,班主任需趁热打铁,帮助学生明确真正有利于自己未来生涯发展的行动。一方面,班主任需要与小明共同梳理近期因为打游戏而落下的学习任务,结合学期安排制订近期学习计划,通过具体的学法指导让小明愿意在成绩一落千丈时重新面对自己的学习。另一方面,班主任还需要与小明商定新的游戏准则。首先,在未满16岁前不进行游戏直播。其次,反思自己劝说同学观看直播并打赏的行为,不再做出类似行为。最后,合理控制自己打游戏的时长、频率,从根本上调整自己的时间与精力分配。

4. 平行教育,引领生涯发展方向

在完成个体教育后,班主任还要适时开展平行教育,可以通过召开以"梦想与奋斗"为主题的班会课为班级树立正确的生涯

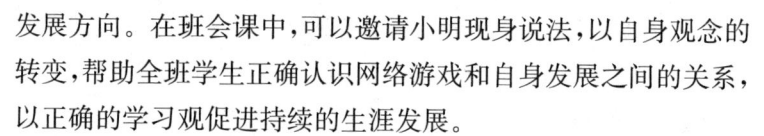

发展方向。在班会课中，可以邀请小明现身说法，以自身观念的转变，帮助全班学生正确认识网络游戏和自身发展之间的关系，以正确的学习观促进持续的生涯发展。

5. 家校共育，凝聚生涯发展合力

在孩子生涯发展的过程中，家长的家庭教育理念起着举足轻重的作用。因此，班主任可以利用家长会、家长读书沙龙等契机，开展指向生涯发展的家庭教育指导，使家长切实帮助孩子树立正确的成才观，引导孩子培养广泛兴趣爱好、健康审美追求和良好学习习惯，增强科学探索精神、创新意识和能力。

【拓展延伸】

认识电子竞技

2019年4月，电子竞技员正式成为我国人力资源和社会保障部认定的新职业。《电子竞技员就业景气现状分析报告》中写道：2015年7月，国家体育总局颁布《电子竞技赛事管理暂行规定》，为电子竞技产业发展提供了政策支持与规范。2017年，原文化部发布《文化部"十三五"时期文化产业发展规划》提出支持发展体育竞赛表演、电子竞技等新业态。2018年，电子竞技正式成为雅加达亚运会的电子体育表演项目。至此，电子竞技在国家体育战略中取得了与传统体育项目相同的地位。除此之外，2016年9月，教育部颁布《关于做好2017年高等职业学校拟招生专业申报工作的通知》，将电子竞技运动与管理作为全国《普通高等学校高等职业教育（专科）专业目录》中的增补专业，2017年正式执行。

《中华人民共和国职业分类大典》对于电子竞技员的定义为：从事不同类型电子竞技项目比赛、陪练、体验及活动表演的人员。电子竞技员的主要工作任务包含参加电子竞技项目比

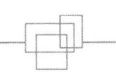

赛;进行专业化的电子竞技项目训练活动;收集和研究电竞战队动态、电竞游戏内容,提供专业的电竞数据分析;参与电竞游戏的设计和策划,体验电竞游戏并提出建议;参与电竞活动的表演。《电子竞技员国家职业技能标准》中规定,电子竞技员共设五个职业技能等级,职业能力特征为具备一般智力和空间感、眼脑协调、反应敏捷、操作灵活、心理素质稳定,具有良好的观察与学习能力,受教育程度要求为初中毕业。

二、正确使用学习软件

解题是教育教学的必然过程之一,其意义绝不仅只是获得一个标准的答案,而是提醒我们关注答案背后思维方法的训练、意志品质的磨炼、创新精神的培养等更多的积极意义。在信息技术水平迅猛发展的现代社会,通过各种 APP 直达答案的高科技手段比比皆是,这些"科技感"与"冲浪感"能够带给学生便利的学习体验,但是无形中也弱化了学生独立思考的空间。如何让学习软件成为"助手",而非"杀手",需要我们更多的思考与实践。

【情境案例】

在通信便捷的今天,我们能通过手机、电脑快捷获取所需要的答案。王老师是五年级班主任,最近发现有些学生平时的家庭作业质量进步很大,但当堂作业的质量却不理想。其他学科老师也有反映此类情况。王老师在班级了解后发现,学生普遍使用手机搜题软件,只要轻松一搜,就会出现答案。

【案例分析】

每位学生都有权利选择更适合自己的学习方式,但当学习

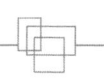

效果出现问题时,就需要老师的及时介入。作为班主任,不仅要针对这一新现象开展网络教育,更需要在了解学生心理发展特点的基础上开展行为习惯养成教育。学生的学习软件依赖问题大致与以下原因相关。

1. 学生所处发展阶段

道德发展阶段理论将儿童的道德判断分为了三种水平六个阶段,小学高年级学生普遍处于"好孩子"道德定向阶段[1],换言之,五年级学生对道德行为好坏的评价标准主要是能否被人喜欢或会受到赞扬。因此,当学生发现使用搜题软件可以快速完成作业,并且因为作业质量高而受到老师的表扬时,王老师班上的学生就会采取这种方式,并且不认为这一方式存在问题。

2. 学生秉持的学习观

案例中的核心问题并非学生使用搜题软件,而是在使用搜题软件后,家庭作业质量和当堂作业质量出现了显著差异。这不仅说明搜题软件没有帮助提升学生的学习效果,更会影响科任教师对于班级学情的判断。班级中的部分学生仅仅使用搜题软件获取答案,却没有在知晓答案后进一步理解。由此可见,在这部分学生心中,作业的意义在于完成,学习的意义在于完成作业。当学生没有树立正确的学习观时,就会认为学习只是为了获得一个结果,从而满足于"知其然而不知其所以然"的状态。

3. 家庭监管的缺位

班级中部分学生只在完成家庭作业时使用搜题软件,说明搜题软件并不是学生完成作业的必要工具,但却是在具备条件时追求完成效率的优先选择。同时,这一现象也说明手机搜题

---

[1] 郭本禹. 柯尔伯格道德发展的心理学思想述评 [J]. 南京师范大学报(社会科学版), 1998(3): 67-73.

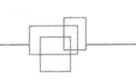

并未引起家长的足够重视。《未成年人保护法》明确指出,未成年人的父母应当加强对未成年人使用网络行为的引导和监督;《中华人民共和国家庭教育促进法》也将引导未成年人培养良好的学习习惯作为家庭责任。因此,班主任需要引导家长关注孩子在家完成作业的方式,营造与学校一致的作业完成环境,慎用手机搜题软件。

【方法策略】

道德行为是个体在道德认知、道德情感、道德意志的支配下,对他人和社会作出的反应。对于小学生而言,要想引导其养成良好的行为习惯,就要充分唤醒其道德情感和道德认知。[①]因此,作为班主任,可以从以下方面入手,帮助学生克服学习软件依赖。

1. 创设情境,引发思考

要想引发学生对于"搜题软件做题"这一现象的关注,首先要激发出他们非惯性的思考。班主任可以利用科任教师的反馈巧设悬念,创设问题情境。具体而言,班主任可以收集各学科家庭作业和当堂作业的完成情况,将作业质量以柱状图的形式呈现,邀请学生探究导致作业质量差异的原因。在学生提及搜题软件后,进一步请学生分享使用搜题软件的原因以及搜题软件的使用感受,澄清学生使用搜题软件背后的内心需求。通过内心需求与实际效果的对比,引发学生的认知失调,为后续调整认知做好准备。

---

① 朱小蔓,梅仲荪.道德情感教育初论[J].思想·理论·教育,2001(10):28-32.

2. 活动育人，调整认知

小学生具有注意随兴趣转移的认知特点，且处于从具象思维向抽象思维过渡的阶段，因此单纯的说理并不能真正改变其认知，更需要在活动体验中完成认知的转化。班主任可以以"手机搜题是利大于弊还是弊大于利"为辩题，邀请依赖手机搜题完成家庭作业的学生作为辩手，在班级组织一场辩论赛。通过辩手之间的观点碰撞，完成部分学生的自我教育，也使全体学生真正认识到手机搜题的利与弊。与此同时，借由辩论赛引导学生理解，搜题软件只是工具，没有绝对的好与坏，关键在于我们使用搜题软件的方式。如果在使用搜题软件后，结合答案进行深入理解和查缺补漏，那它就能促进我们的学习；如果只是把搜题软件的答案照搬到作业上，那它就会成为我们学习的阻碍。在此基础上，培养学生形成正确的学习观，即学习的真正目的是掌握知识、提升能力。

3. 明确边界，落实措施

为了杜绝"从搜题软件照搬答案"这一现象，班主任需要结合学生所处的道德发展阶段，制订班级规则，运用制度开展育人工作。班主任可联合班级科任教师，向学生表明老师对于"从搜题软件照搬答案"的态度，并告知学生，老师会关注整体作业质量。班主任还可通过班级集体商议的方式，明确"从搜题软件照搬答案"的处理方案，让学生意识到这一不对自己负责的学习行为是会产生不良后果的。最后，建立班级学习互助小组。一方面，让学生在遇到学习问题时，有比搜题软件更好的解决方式，以"疏堵结合"的方式促进学生成为具备正确学习观的学习者。另一方面，让学生以学习小组中的同学为榜样，学习刻苦钻研、自主探究等品质，让学习不再仅限于完成作业，而是服务于自我发展。

4. 家校联动，保障实效

家长是重要的育人力量，家庭与学校育人环境的一致性有助于培养学生良好的行为习惯。作为班主任，要借助家长会、班级议事会等渠道，告知家长当前班级学生存在的普遍问题，引起家长对于孩子使用手机搜题软件的重视，提醒家长关注孩子电子产品的使用时段、使用搜题软件的方式。班主任需要通过必要的家庭教育指导，与家长达成观念的一致，进而使学校的教育效果迁移到家庭之中。与此同时，班主任也要关注家长的反馈，如果有学生仍然无法依靠自己和家长监督改变对于搜题软件的依赖，还需开展一对一的谈心，为学生提供个性化的指导。

【拓展延伸】

道德发展阶段

水平1：前习俗水平。处于这一水平的儿童，道德判断着眼于行为具体结果和自身的利害关系。其中，第一个阶段称为惩罚和服从的定向阶段，这一阶段的儿童道德判断的根据为是否受到惩罚，认为凡是免受惩罚的行为都是好的；第二个阶段称为工具性的相对主义定向阶段，这一阶段的儿童对行为好坏的评价首先是看能否满足自己的需要，凡是对自己有利的就好，否则就不好。

水平2：习俗水平。处于这一水平的儿童，意识到人的行为要符合社会规范的要求，并遵守、执行这些规范。其中，第一个阶段称为"好孩子"定向阶段，此阶段的儿童以人际关系的和谐为导向，对道德行为的评价标准是看是否被人喜欢、是否对别人有帮助、是否会受到赞扬。第二个阶段称为维护权威或秩序的定向阶段，此阶段的儿童以服从权威为导向，遵从社会规范，遵守公共秩序，尊重法律的权威。

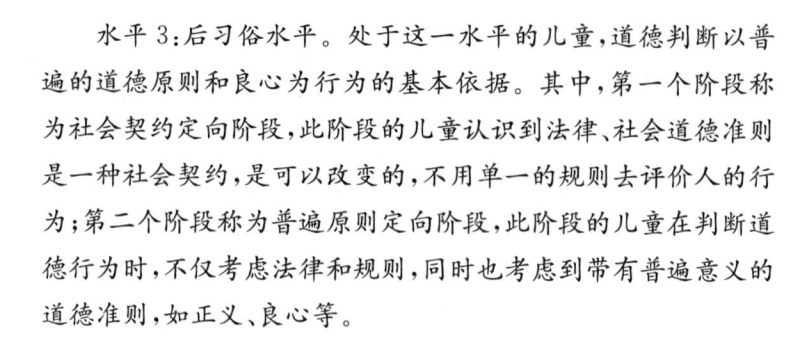

水平 3:后习俗水平。处于这一水平的儿童,道德判断以普遍的道德原则和良心为行为的基本依据。其中,第一个阶段称为社会契约定向阶段,此阶段的儿童认识到法律、社会道德准则是一种社会契约,是可以改变的,不用单一的规则去评价人的行为;第二个阶段称为普遍原则定向阶段,此阶段的儿童在判断道德行为时,不仅考虑法律和规则,同时也考虑到带有普遍意义的道德准则,如正义、良心等。

三、积极预防网游依赖

数据显示,2024 年 1 月,中国游戏市场实际销售收入达到 243.46 亿元,同比上升 1.22%;中国移动游戏市场实际销售收入 176.87 亿元,同比上升 0.39%。可以想见,游戏产业的发展势头依然迅猛。虽然,国家重拳出击预防青少年沉迷网络游戏,游戏行业在青少年"防沉迷"上也一直在做出努力,但是"声光电"对青少年的强烈吸引力是难以隔绝的。游戏"防沉迷"应该如何改善?这个问题不单单是游戏厂商的责任,同样也需要监管机制,要靠家长和学校的共同努力才能解决。在带班育人过程中,学生沉迷网络游戏的现象也常有发生,这让我们对于这一类现象产生更多的思考。

【情境案例】

小明早晨又迟到了,而且又是一副精神萎靡的样子。他这学期已多次迟到了,成绩也退步明显。班主任多次和他交谈,还与家长联系过,小明在家长和班主任面前做过保证,但一段时间后,老毛病又复发了。最近,同学和家长反映小明迷恋网络游戏,常常不分昼夜地在网吧"奋战",有严重的厌学情绪,家长对他没有任何办法。

【案例分析】

　　学生的行为习惯问题只是表象，班主任在本质上更需要对小明进行适切的心理健康教育。深入剖析小明沉迷网络游戏的原因，将有助于协助其摆脱网络游戏依赖，回归生活与学习的常态。

　　1. 个体成长需要存在缺失

　　从个体角度看，青少年沉迷网络游戏，往往有"趋利"和"避害"两种原因。所谓趋利，指的是学生因为体验到强烈的游戏乐趣而沉迷其中。这种乐趣往往来自游戏获胜的成就感和游戏社交的情绪价值两方面。所谓避害，指的是学生因为在现实生活中有着无法有效解决的烦恼而借助游戏进行回避。当学生遭遇困难和挫折时，往往会诉诸转移注意力的行动来进行自我调节。而作为"数字原住民"，网络游戏成了青少年最方便采用的调节方式。对于案例中的小明而言，"趋利"和"避害"兼而有之。

　　2. 家庭教育引导存在偏差

　　在发现小明屡次迟到后，班主任与家长进行了联系，小明在家长和班主任面前做了保证。然而，一段时间后小明的"老毛病"就复发了，家长还感到拿他没有任何办法。这种变化说明，在小明变得精神萎靡的最初阶段，家庭教育引导的方向存在一定偏差。无论是网络游戏依赖还是厌学情绪，都是一个发展的过程，如果在最开始能够准确把握原因，找准劝导方向，就能实现更好的干预效果。

　　3. 社会协同监管存在缺位

　　《互联网上网服务营业场所管理条例》规定，网吧不得接纳未成年人进入营业场所。由此可见，网吧经营者并未按照规定查验小明的身份证，存在违规经营的行为。网吧的违规经营为

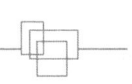

小明沉迷网络游戏提供了现实条件,需要通过校家社联动加强协同监管。小明之所以依赖网络游戏,在一定程度上正是因为游戏的易于获得。

【方法策略】

面对迷恋网络游戏、有厌学情绪的小明以及无能为力的家长,班主任需要明确自身的教育边界与育人目标,抓住主要矛盾,分清轻重缓急,以多主体参与的"组合拳"实现对于学生网络游戏依赖的有效劝导。

1. 理解厌学情绪,寻求依赖原因

作为班主任,要想协助学生摆脱网络游戏依赖,首先要树立"学生不是问题,问题才是问题"的观念,与学生共同面对。班主任可以采用家访的形式开启沟通。共情是拉近距离的最好方式,班主任可以通过了解学生的生活近况,让其感受到班主任前来的主要目的是关心。在与学生建立一定的信任关系后,班主任需要进一步厘清其玩网络游戏的原因,明确网游是厌学的原因还是结果,进而根据依赖的原因有针对性地进行心理疏导。

2. 澄清成长需要,提供资源支持

此案例中的小明沉迷网络游戏的背后,是其在现实生活中无法被满足的成长需要。班主任可以通过小明对于网络游戏的描述了解游戏在他眼中的功能与价值,进而澄清其现实的成长需要。如果小明打游戏是因为在游戏中可以交到朋友,就说明其人际需求无法在现实生活中得到满足;如果小明打游戏是为了回避成绩不断退步的现实,就说明其在学习上需要获得更多的个性化指导。在发现小明的成长需要后,班主任要及时提供应对资源,让小明认识到所有的需要缺失都有现实的解决办法,这些办法的效果会比诉诸游戏更好。如果小明因为某个科目难学而产生了习得性无助,班主任可以在与科任教师沟通后为小明安排固定的答疑时间,同时通过列举往届学生的事例让小明认识到从现在做起也来得及。当小明获得了现实的支持,就能减少对问题的担忧,同时增强解决问题的自我效能感。

3. 制订游戏规则,实现多元联动

网络游戏依赖并非一日形成,因此摆脱依赖也是一个过程,这需要制订一个具有可操作性的游戏约定。小明、家长、班主任需要在达成现阶段目标共识的基础上,就游戏的时长、频率、方式做出约定,以"可控地玩"作为过渡。在形成相关约定后,家长和班主任要保持密切协作,持续关注学生的网络使用情况,在沟通中明确学生游戏依赖情况的改善,对沉迷情况进行有效干预。与此同时,班主任还要提醒家长关注网络游戏服务提供者、互联网上网服务营业场所经营单位是否严格遵循相关法律法规,如发现游戏未设置未成年人模式、网吧允许未成年人进入等情况,要及时报告给相关部门,多方联动共同营造防止未成年人游戏沉迷的良好环境。

4. 丰富校园生活,增强现实体验

从本质来看,无论是厌学还是沉迷网络游戏,都说明在小明眼中学校和学习的吸引力不断降低。因此,在引导学生给虚拟世界增加边界之外,班主任更要发挥集体的力量,不断丰富班级文化生活,让学生在现实生活中找寻到更多的意义与价值。多元的活动可以给学生多样的成功体验来源,为学生的心理赋能,使其在面对校园生活的烦恼与困难时有更多应对的心理资源,减少学生以网络游戏回避现实困境的可能性。

【拓展延伸】

《未成年人网络保护条例》

第五节　关注易感学生

在中小学生的成长过程中,心理健康问题日益受到广泛关注。由于家庭、学校、社会等多方面因素的影响,一部分学生容易成为心理问题的易感人群,他们可能面临着学习压力、人际关系困扰、家庭矛盾等多重挑战,导致情绪波动、焦虑抑郁等心理问题的出现。因此,对中小学生易感人群进行心理疏导,帮助他们建立健康的心态、增强心理韧性,显得尤为重要。

心理疏导,作为一种科学有效的心理干预手段,旨在通过倾听、理解、支持和引导等方式,帮助易感人群缓解心理压力,解决心理问题,提升心理素质。对于中小学生而言,心理疏导不仅有助于他们应对当前的心理困扰,更能培养他们积极面对生活挑战的能力,为未来的成长奠定坚实的基础。

一、正向引导人际敏感学生

人是社会的人。人际敏感,是指不能正确处理个人与他人的相互关系,在人群中常常感到不自在,甚至想要逃避。[1] 人际敏感者往往容易受挫,情绪波动大,朋友较少。这种现象,在青少年群体中也较为常见,究其原因通常是较为复杂的。在青少年身心发展过程中,如果不能对这样的学生施以正向引导,往往会愈发挫伤其结交同伴的积极性,造成进一步的情绪焦虑、紧

---

[1] 刘艳,谷传华. 人际敏感:从社会认知到心理危险因素[J]. 心理科学进展,2015, 23(3): 489-495.

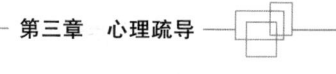

张,甚至是更为激烈的偶发事件,严重影响身心健康发展。

【情境案例】

小琴是个听话的女孩,性格内向。她的家庭关系特别复杂,父亲在她4岁时和她妈妈离婚了。小琴认为同学们看不起她,不愿和她交朋友,所以很少和同学玩耍。一天,小斌不小心把她的文具盒碰到地上,他不但没捡起来,还恶语相加。小琴想到平时自己的孤独,觉得班上同学都讨厌她,于是心灰意冷,爬到卫生间的窗户上想往下跳,幸亏被同学发现及时制止,才没有酿成悲剧。

【案例分析】

小琴的心理问题并非一下子形成的,而是由多方面因素长期积累而成的。

1. 原生家庭的复杂与隐蔽性

家庭关系的复杂和父亲的缺席给小琴带来了深刻的情感创伤,使她缺乏应有的安全感和归属感。

在教育教学过程中,我们会面临很多原生家庭出现状况的学生。家庭关系的复杂性可能包括父母之间的争吵、冷战甚至离婚,以及家庭成员之间的不和谐等。这种环境会使孩子长期处于紧张、焦虑的状态,他们会感到无助、困惑和恐惧。这种情绪状态可能会影响孩子的心理健康,导致他们出现自卑、抑郁、焦虑等心理问题。同时,孩子会产生对家庭的不信任感,对人际关系产生怀疑,甚至影响到他们未来的婚姻观和家庭观。如果父母中的一方长期不在身边,或者虽然在一起但缺乏关爱和陪伴,孩子会感到被遗弃、不被重视。这种感受会让孩子产生自我价值的怀疑,认为自己不重要、不值得被爱。这种心理创伤会影响孩子的自尊心和自信心，使他们在面对困难和挑战时缺乏勇气。

父母角色的缺失还可能影响孩子的学业和社交发展。没有父母的引导和监督，孩子可能会在学习上缺乏自律和动力，导致学业成绩下降。同时，他们在社交方面也可能遇到困难，无法建立良好的人际关系，甚至可能受到同龄人的欺负和排挤。

2. 后天性格的塑造不够充分

性格内向使小琴不善于表达自己的情感和需求，难以融入集体生活。在班级里，这一类学生往往会面临一系列的困难。这些困难体现在他们与同学的交往、与老师的沟通，以及在学习和课堂参与等方面。与同学交往方面，他们缺乏主动发起对话或参与团队活动的勇气，导致在同学中显得孤立。同时，由于不善于表达自己的情感和需求，他们会在与同学相处时感到困惑或受到伤害，但不知道如何有效地表达或寻求帮助。与老师沟通方面，他们会因为害怕或紧张而避免与老师交流。这使得他们在学习上遇到的问题难以得到及时解决，也导致老师对他们的学习状况了解不足，从而无法给予适当的指导和支持。在学习和课堂参与方面，他们会因为缺乏自信而不敢在课堂上发言或提问，这会影响他们的学习效果。因为他们可能错过了一些重要的学习机会，例如通过发言锻炼表达能力或通过提问深化理解。同时，缺乏课堂参与也会使他们在班级中的存在感降低，进一步加剧他们的孤立感。

3. 同伴关系不和谐加重心理负担

同学们的误解和孤立进一步加剧了小琴的心理压力，使她感到无助和绝望。误解往往源于沟通的不畅，误解一旦形成，往往会在同学之间传播，进一步加深这种孤立，不仅让她在社交上感到被排斥，更在其心理上造成了巨大的压力。同时，孤立会加剧小琴的自卑感和孤独感。她会开始怀疑自己的价值，认为自

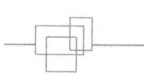

己真的不被喜欢或不被接受。这种心理状态会导致她更加封闭自己，不愿意与人交流，从而出现恶性循环的状况。在这个过程中，她会感到越来越无助和绝望，甚至产生自我放弃的念头。

最后，小斌的行为成为压垮小琴的最后一根稻草，让她彻底失去了对生活的信心和希望。

【方法策略】

针对小琴这一类特殊情况，作为班主任，我们不妨从人际敏感的角度出发，采取以下策略和方法对其进行心理疏导和发展指导。

1. 建立信任关系

所谓"亲其师信其道"，亲师性在小学生的师生关系中发挥着巨大的作用。班主任可以主动与小琴建立亲密的师生关系，通过关心她的生活和学习，让她感受到老师的真诚和善意。保持较高频率的沟通，倾听小琴的心声，理解她的感受，为她提供一个安全、温暖的环境，让她愿意向老师敞开心扉。

2. 引导正确认知

我们需要帮助小琴认识到她的心理问题并非不可逾越的障碍，而是可以通过提升认知逐渐克服的。作为小学生，小琴在正确理解父母离婚这件事情上还存在一定的困难，觉得自己在同学面前抬不起头。因此，老师要积极引导她正确看待家庭变故和同学关系，让她明白每个人都有自己的难处和不足，学会与自己的原生家庭和解，鼓励她积极面对生活中的挑战和困难，培养她的抗挫能力和自信心。

3. 开展集体活动

为了缓解小琴的孤独感，班主任不妨多组织一些班级集体活动，如户外拓展、团队游戏、心理团建等，让她有机会与其他同学互动交流。在活动中,班主任要特别关注小琴的表现和情绪变化,及时给予她鼓励和支持,让她感受到集体的温暖和力量。班主任还可以私下先与一些较为活跃的同学做好沟通,在活动中,由活跃学生发挥主动性,邀约小琴共同参与,带动她更好地参与集体活动。

4. 家校合作共育

小琴的状况主要由原生家庭引发,虽然我们不能干预小琴父母的情感状况,但我们有责任做好离异家长的家庭教育引导。班主任要经常与小琴的家长保持密切联系,向他们反映小琴的情况,并要求他们配合学校的教育工作。建议家长多关心小琴的情感需求,给予她足够的支持和鼓励,同时也要注意家庭氛围的营造,让小琴在一个和谐、温馨的家庭环境中成长。

5. 寻求专业帮助

如果小琴的心理问题较为严重,班主任要及时联系学校的心理教师或专业机构,为她提供更专业的心理疏导和治疗。定期与小琴进行谈心,了解她的心理变化,确保她能够得到及时而有效的帮助。

通过以上策略和方法,一定能帮助小琴逐渐走出心理阴影,重新找回生活的信心和希望。同时,希望其他同学也能从中汲取教训,学会关心和理解他人,共同营造一个和谐、健康的班级氛围。

【拓展延伸】

阅读《内向者优势》

推荐理由:《内向者优势》为马蒂·奥尔森·兰妮所著,专门针对内向者的人际交往问题进行了深入探讨。书中强调了内向

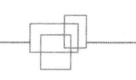

者的独特品质和优势,并提供了实用的策略和技巧,帮助内向者在社交中更加自信、有效地与他人沟通。

二、科学指导压力易感学生

压力易感人群是指那些在面对压力时更容易感受到紧张、焦虑、不安等负面情绪的人群。这类人群往往对压力源的反应更为敏感,即使面对的是相同的压力情境,他们也可能比其他人更容易受到影响。压力易感人群的特点包括对自我要求较高,追求完美,缺乏自信,容易自责;情绪不稳定,容易受到外界因素的影响;在面对困难或挑战时,容易感到无助和困惑;在压力环境下,可能会出现身体不适,如头痛、胃痛、失眠等。班主任带班育人工作中,也常常会遇到类似的青少年,以科学的方式加以指导与帮助,是我们发挥"重要他人"作用的重要途径。

【情境案例】

小文一直是班上成绩最好的学生。在老师和家长的眼里,小文是重点高中重点班的苗子。可是进入九年级后,小文不再像以前那么开朗快乐了。这天,班主任发现他竟然在上课的时候看魔幻小说。班主任严厉地斥责了他,可没想到的是,小文竟然当场对班主任吼道:"都是因为你,是你对我的期望让我喘不过气,只有看小说时,我才是快乐的!"

【案例分析】

在初中阶段,优秀学生往往承受着多方面的压力,而且因为其自身优秀,外显出的自我调节能力强,其压力状况更容易被老师和家长忽视。长此以往,这部分学生会出现压力易感现象。

1. 学业压力被忽视

初中阶段是学生知识积累和能力提升的关键时期,学业任务相对较重。优秀学生往往对自己有更高的学业要求,希望能够在各科目中取得优异的成绩。然而,随着学科知识的深入和难度的增加,他们可能会感受到更大的学习压力。为了保持优秀的成绩,他们需要投入更多的时间和精力来学习,这使得他们几乎没有休息和娱乐的时间。然而,身边人常常因为他们的优秀表现而忽视了他们自我加压的状况。

2. 家庭期望值超高

许多家长对优秀学生寄予厚望,希望他们能够进入好的高中,进而为未来有机会接受更好的大学教育和职业发展打下坚实的基础。这种家庭期望往往转化为对孩子的学习要求,使得优秀学生感受到来自家庭的压力。他们会担心自己的表现不能让家长满意,从而产生自责和焦虑的情绪。

3. 自我要求追求极致完美

优秀学生往往对自己有很高的要求,他们希望能够在各个方面都表现得优秀。然而,这种自我要求也可能成为他们的压力源。当他们在某些方面未能达到自己的期望时,就容易产生挫败感和自责感。

【方法策略】

综合分析了优秀学生成长的环境和心理因素,我们就该积极行动起来,主动关怀其内在需求,给予恰当指导。

1. 深入沟通,体现人文关怀

优生的"骄傲"是一种保护色,他们在内心深处其实特别需要一次充分表达的机会,也希望得到老师的倾听。班主任可找合适的时间,与学生进行一对一的深入沟通。在沟通中,班主任要尽量保持耐心和理解,倾听学生的心声,主动询问其压力,了解其内心的想法和感受,给予充分理解和共情。通过沟通,班主任要建立起与学生的信任关系,让其感受到老师的关心和支持,必要时可以辅以拍拍肩膀、握握手、关心的拥抱等恰当、合适的肢体关怀。

2. 引导认识压力,找到正向动机

在沟通过程中,班主任要保持教育的敏感性,与日常闲谈不同,这一系列的沟通应始终围绕心理疏导为目标。班主任要引导学生认识到压力的存在是成长中必然出现的因子,并帮助其分析压力的来源,让压力具体化。适度的压力可以激发人的潜力,但过度的压力则会对人的身心健康造成负面影响。在充分认识压力后,班主任也要教会学生一些应对压力的方法,比如合理宣泄、调整心态、要事优先、运动放松等,帮助学生建立起自己的日常减压机制。

3. 调整期望,在合理范畴激发动力

不合理期待往往是压垮毕业班学生的最后一根稻草。班主任应该与学生家长进行沟通,客观反映学生情况,并引导他们调整对孩子的期望。班主任要让家长明白,孩子的成长是一个长期的过程,不能过分追求短期的成绩和成就。同时,我们也要建议家长多关心孩子的心理健康,给予他们更多的支持和鼓励。在周末、节假日中,用更多时间陪伴孩子,提高家庭教育的质量,以此提升孩子的心理状况。

4. 关注课堂表现,给予积极反馈

此案例中,针对小文在课堂上看小说的行为,班主任也可以联合科任教师在课堂上给予他更多的关注和引导,鼓励他积极参与课堂讨论和活动,发表自己的见解。九年级复习的内容较多,不妨让小文担任学习小组的组长或在班级建立"小老师"制,

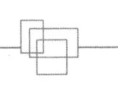

发挥优生在学习上的辐射引领作用。课后，各科老师也可以多给他一些合理建议，与他一起制订学习计划，引导他合理安排时间，提高学习效率。

5. 提供心理支持，共同面对挑战

如果学生的情绪问题较为严重，长期、反复出现困扰，班主任应建议他寻求专业的心理咨询帮助。同时，也要利用心育课组织一些心理健康活动，帮助学生更好地应对压力和挑战。

以上措施将能够帮助像小文一样的优秀学生建立起缓解压力的个人机制，找回自信和快乐，以更加积极的心态面对学习和生活。同时，也希望能够通过这一事件，引起更多人对压力易感学生的心理关注和重视。

【拓展延伸】

"好学生"困境

1. 需要提升自我觉察

未成年人在成长中要带着觉察去和周围人相处，充分理解当下自我要求和他人期待是否对自身健康构成了超限的压力。觉察是有可能改变的第一步，有了觉察就带来了选择。可以选择要不要继续维持当下的相处模式。如果自己感到不舒服，也可以选择停下来。

2. 要允许自己做个不那么好的人

把"学生"这两个字从自己身上去掉，允许自己"疯"一点，更有弹性一点，允许自己不乖巧、允许自己不懂事、允许自己的观点与众不同。对于青少年而言，想要走出"好学生"困境，需要同时和青少年自身以及他们所处的家庭对话。最重要的一点是，双方不要对对方有太多的期待，父母不要期待孩子成为理想中的孩子,孩子不要期待父母变成理想的父母。让父母做父母的事情,让孩子做孩子的事情,学会自己和自己相处,同时彼此和平相处。

三、积极呵护有诊断学生

在儿童青少年心理健康状态的三种类型中,"有诊断"学生是其中一类。然而,学生心理健康是一个动态发展的连续体。学生心理健康状态有短期性和阶段性,只有经过严格的临床心理学诊断,才能称之为问题或者疾病。科学认知学生的"心问题",并及时跟进、协同助力,是非常重要的。每一位教师都应该学习掌握心理学知识,成为学生心理健康的守护者。作为带班育人的重要力量,班主任在育人、育才和育心的工作中,发挥着不可忽视的作用。

【情境案例】

一位高一班主任在第一学期例行检查宿舍时,发现某同学枕头边上有半瓶抗抑郁类的药品,但是家长和学生在填写《学生健康登记表》时并未填写该同学有身心异常情况。

【案例分析】

随着现代社会压力的增加,越来越多的高中生面临心理健康挑战,抑郁症检出率逐年增高。因此,高中生服用抗抑郁药的情况也呈现出上升的趋势。

1. 恰当的药物治疗具有医学科学性

高中生正处于身心发展的关键阶段,他们面临着学业压力、人际关系、自我认同等多方面的挑战。这些压力可能导致一些学生出现情绪障碍，如抑郁、焦虑等。在这种情况下，医生可能会根据具体情况，为高中生开具抗抑郁药物，以帮助他们缓解症状，恢复心理健康。

2. 不恰当的药物使用带来巨大隐患

抗抑郁药物的使用也存在一些风险。一些研究表明，抗抑郁药物可能存在副作用，如口干、失眠、头痛等。此外，抗抑郁药物并非对所有人都有效，不同人对药物的反应也存在差异。因此，在使用抗抑郁药物时，需要谨慎评估风险和收益，确保药物使用的合理性和安全性。

3. 班主任对服药学生状况不够敏感

结合本案例情况来看，事情发生在学生高一上学期，既有可能是学生在初中阶段就已确诊为抑郁症，也有可能是进入高中后的不适应所造成，班主任需要高度重视。发现该同学枕头边上有抗抑郁药品后，班主任首先需要认识到这可能意味着该同学正面临着较大的心理压力或情感困扰。家长和学生在《学生健康登记表》上未填写身心异常情况可能是出于多种原因，如学生对自身状况的认知不足、害怕被误解或歧视、家庭沟通不畅等。此外，也有可能是家长和学生对于抗抑郁药物的使用并不完全了解，因此未将其视为需要特别关注的事项。

然而，不论原因如何，班主任都需要高度重视这一发现，主动与学生进行深入的交流，了解他的真实情况和需求，及时向学校分管领导汇报，以便提供适当的支持和帮助。

【方法策略】

班主任面对此事需要保持高度的敏感，用温和的方式进行介入和引导。在与学生进行交流时，我们不妨遵循以下步骤和策略。

1. 主动关心，建立信任关系

学生进入高中，首先直接面临着环境变化，会产生新环境下的陌生感和孤独感。特别是住宿的学生，他们离开父母，与新同学同住一间寝室里，很多习惯都不一样，在学习、生活、人际交往等方方面面都面临着适应性挑战。

没了初中时熟悉的老师和朋友，他们非常迫切地需要新的信任关系的建立。班主任不妨选择一个安静、私密的环境，以便学生能够在一个放松的状态下与老师进行交流。在谈话开始时，班主任首先要表达对学生的关心和理解，询问学生入学以来的适应情况，与其他同学、老师、舍友的相处情况，发挥自己人效应。同时，班主任可以适时强调自己的职责是帮助和支持学生，而不是评判或指责。通过倾听和理解，努力建立与高中生之间亦师亦友的信任关系。

2. 深入了解，具体分析情况

在建立信任关系后，班主任要采用开放式提问的方式，引导学生说一说自己的感受和经历。通过耐心倾听和适时回应，真诚地理解学生的内心世界和真实需求。

以信任关系为前提，班主任不要遮遮掩掩地回避抗抑郁药物的话题，否则反而会进一步加大学生的自我保护和封闭性。要让学生知道，老师是以关心他为出发点的，只有了解了真实的情况（包括病情），才能更好地在日常生活和学习中帮助他。同时，要遵守保密原则，让学生放心地表达，这也是班主任工作的底线。

3. 提供专业建议，建立一生一案

在了解学生的情况后，班主任需要建立一生一案，也要向学校的心理健康教师和相关领导进行报备，以便提供更加专业和全面的支持。班主任要根据自己的知识和经验，为学生提供一

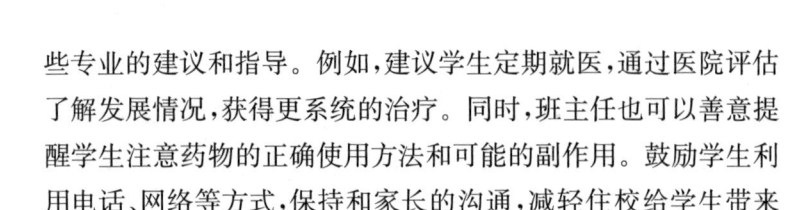

些专业的建议和指导。例如,建议学生定期就医,通过医院评估了解发展情况,获得更系统的治疗。同时,班主任也可以善意提醒学生注意药物的正确使用方法和可能的副作用。鼓励学生利用电话、网络等方式,保持和家长的沟通,减轻住校给学生带来的不适应和可能引发的压力。

4. 与家长沟通,提供必要支持

班主任要主动与家长沟通,必要时进行面谈,家长到校或教师家访都可以。班主任要向家长了解学生的情况,看家长知情多少,并说明学生当下在校的情况,建议家长关注孩子的心理健康,定期复查,提供必要的家庭支持和理解。同时,为了不加重家长的心理负担,班主任也要多与家长探讨如何更好地帮助学生应对当前的困境。

5. 持续关注与跟进,平稳发展

在多方沟通之后,班主任要持续关注该生的情况,并定期与他进行交流。鼓励学生积极面对问题,寻求解决方案,提醒他保持与班主任和家长的沟通。同时,班主任也要根据学生的实际情况,不断调整策略,为他提供必要的帮助和支持。

总的来说,在面对这一问题时,我们需要关注高中生的心理健康需求,同时也需要加强心理健康教育,提高全社会对心理健康问题的认识和重视程度。

【拓展延伸】

如何治疗儿童及青少年抑郁症

儿童及青少年抑郁症的治疗方法包括药物治疗、心理行为治疗、环境治疗,具体有如下几种方法。

1. 药物治疗

药物治疗是治疗抑郁症的首选方法,尤其对抑郁症状改善明显。抗抑郁剂的用药原则是，从小剂量开始，根据疗效和出现的不良反应，逐渐加至有效剂量。抗抑郁剂疗效出现多在用药后两周左右，在疗效出现前，多数患者会感到口干、嗜睡、视力模糊、心跳加快，这些药物的不良反应会给患儿日常生活带来困难，易使患儿产生拒药现象。一般用药前，医生会向患儿及家长解释清楚，多数患儿可以在较短时间内逐渐适应，不会给患儿智力、身体发育带来不良后果。

2. 心理行为治疗

在药物治疗缓解抑郁症状的基础上，认知行为治疗是治疗抑郁症的有效心理治疗方法之一。通过对存在问题的认识，逐步有计划分阶段与患儿一起分析其认知中的不足，共同探讨合理化的思维方式。要耐心听取患儿诉说，每次治疗结束后给患儿留下家庭作业，并鼓励他及时发泄出来，重新找到心理平衡；也可采取放松疗法、阳性强化等方法矫正。

3. 环境治疗

父母、亲人、同伴要了解抑郁症的性质，给患儿温暖及关爱，尽量创造宽松、和谐的治疗环境。对有自杀意向或冲动行为的患儿，要密切观察病情变化，必要时采取住院治疗的措施。

第四章
学业辅导

教育的本质在于育人,而教师的任务则是引导学生走向全面而有个性的发展道路。通过针对性的指导和合理的时间管理,教师可以帮助学生在获取知识和生活享受之间找到平衡,促进学生的全面发展,最终培养出能够适应社会,具有独立思考能力和创新精神的未来公民。

第一节 学业辅导的目标及内容

在当今教育背景下,学业辅导不仅仅是对学生学科知识的补充,更是对其学习方法、思维能力和人生规划的全方位指导。学业辅导的首要目标是帮助学生明确学习目标,提升学业成绩。在此基础上,进一步培养学生自主学习能力、批判性思维和创新能力,为其未来职业发展和社会适应能力奠定坚实基础。学业辅导的内容涵盖学习方法、学科知识、考试技巧等多个方面,旨在为学生提供全方位的学业支持。

一、中小学生学业辅导的价值

学业辅导作为中小学生发展指导工作的核心组成部分,扮演着至关重要的作用。它不是一个简单的教学活动,而是一个由学科教师和班主任携手合作,共同致力于提升学生在学业上自我发展能力的综合性指导过程。

在学业辅导中,教师要重点关注的是学生的学习观念、学习方法以及学习动机。这些方面的指导利于帮助学生建立正确的学习观,掌握有效的学习策略,并激发他们内在的学习动力。学业辅导的过程是一个双向互动的过程,学生和教师通过积极的交流与沟通,共同确立学业目标,制订出切实可行的指导计划。在这个过程中,教师根据学生的学业目标和计划,运用各种方法和技巧,为学生提供个性化的辅导和支持。

这种辅导和支持不仅仅着眼于学生短期的学业成绩提高,更重要的是促进学生在整个学业生涯中的持续成长和发展。因此,学业辅导要求教师充分利用学校的各种资源,尊重每位学生的个性特点和个体差异,为他们提供符合其个人发展需求的指导。教师需要引导学生遵循学习的客观规律,采用科学、合理的方式来提升自己的学习动力和学习能力,帮助他们找到最适合自己的个人发展方向。

总之,学业辅导是一个全方位、多层次的教育实践,它不仅关注学生的学业成就,更重视学生的全面发展和终身学习能力的培养。通过这样的辅导,学生能够在学业上取得进步,同时在个人成长的道路上也能够不断前行。

二、中小学生学业辅导的目标

《国家中长期教育改革和发展规划纲要》是一份具有深远影响的文件,它为我国教育事业的未来发展方向提供了明确的指导。《纲要》中提出了一个重要的观点,即要建立学生发展指导制度,这一制度的目的是加强对学生在不同方面的指导,包括立项能力的培养、心理健康的维护以及学业进步的辅导等。

目前,全球范围内,很多国家和地区都已经意识到了学生发展指导制度的重要性,相继建立了各具特色的指导体系。例如,美国在学生发展指导方面有着悠久的历史和丰富的经验,他们的指导制度通常涵盖了学习技巧、职业规划、个人成长等多个方面,旨在帮助学生全面发展。芬兰则以个性化的教育模式著称,他们注重根据每位学生的特点提供定制化的指导服务,以促进学生的个人潜能得到最大化的发挥。日本的学生发展指导制度同样发达,他们强调对学生进行系统的生涯教育,帮助学生明确未来的职业方向。此外,一些发展中国家也在积极建立和完善学生发展指导制度,虽然可能由于资源的限制,其结构和内容与美国、芬兰、日本有所不同,但无一例外地都将学业辅导作为核心内容,以确保学生能够在学业上取得进步。

无论是发达国家还是发展中国家都认识到了建立学生发展指导制度的重要性,并且在各自的教育体系中实施了相应的措施。这些制度虽然在结构上存在差异,但共同的目标是为了帮助学生在学业上取得成功,同时促进他们的个人成长和社会适应能力。

教育的核心理念和追求的目标体现在致力于支持每一位学生积极主动地去探索并发掘他们自身的潜力。这一过程不仅仅是对学生能力的一次挖掘,更是一种激励,使得每位学生都能够在最大程度上,以一种自由而个性化的方式,去实现自己潜能的全面发展。这样的教育理念旨在帮助学生构建起一个坚实而完善的人格基础。

在个体的成长和发展过程中,外部环境和影响因素无疑是非常关键的。社会环境、文化背景、教育资源等都可能对个人产生深远的影响。然而，尽管外界因素的作用不可忽视，但个体发展的关键最终还是要回归到个体本身的主动性和积极性上。这意味着，个体需要将外界的影响转化为内在的动力，通过自我驱动的"内化"过程，通过个人的自觉性、主动性和积极性，来不断构建和完善自己的个性和能力，从而实现真正的自我发展和成长。

当我们将这一教育理念具体应用到学业发展上，其意义就显得尤为重要。教育的目标之一就是培养那些具备自主学习能力的学生，使他们能够在学业上实现自我驱动的发展。这种自我发展能力的培养，不仅仅局限于学科知识的掌握，更包括了批判性思维、创新能力、解决问题的能力等多方面的能力提升。因此，为了促进学生的学业自我发展，提供相应的学业辅导变得尤为关键。这种辅导应当以提高学生的自主学习能力为核心，帮助他们建立起自主学习的策略和方法，从而让学生在未来的学习和生活中能够独立地面对挑战，不断进步和成长。

总之，教育的根本目的和内涵在于激发和培养学生的内在潜能，使其能够在个性化和自由的环境中得到全面的发挥，并通过主体的自觉、主动、积极参与，实现个体的全面自由发展。而在学业领域，这种自我发展能力的培育尤为重要。因此，进行针对性的学业辅导，旨在提升学生的学业自我发展能力，是实现教育目标的重要途径。

三、中小学生学业辅导的内容

聚焦帮助学生提升学业自我发展能力，可通过问卷调查、个别访谈等方式，了解学生学业能力发展中的现实困境，并给教师和学生以指导与帮助。

在当今社会,随着生活水平的不断提升和物质资源的日益丰富,当代学生生活在一个相对优越的环境中。然而,这种物质上的丰富往往使得学生对于学习的真正意义和价值缺乏清晰的认识。他们往往将考试成绩视为学习的唯一目标,而忽视了学习本身所带来的深层次的满足。

在这样的背景下,社会文化的影响、青少年文化的盛行以及学业压力的增大,都对学生的学习动机产生了不小的影响。当学生感到自己的学业成绩不佳时,他们的自尊心可能会受到打击,从而导致他们的成就感和抱负水平降低。这种情况可能会导致学生采取退缩逃避的态度,消极应对学业挑战,久而久之,就会形成一种畏缩不前的人格特征。因此,教师需通过多种方式和手段,帮助学生建立正确的学习观念,激发他们的学习兴趣,培养他们的学习动力,从而让他们在学习的道路上不断前行,实现自我价值。

通过调查和研究发现,当前许多学生在学习方法上存在一些问题。例如,有的学生盲目模仿他人的学习方法,而没有考虑到这些方法是否适合自己的学习风格和需求,导致学习效果不佳。还有的学生没有根据不同学段的特点来调整和更新自己的学习方法,随着年级的提升,他们发现自己难以适应更高一级的学习环境和要求。此外,一些学生过分依赖刷题这种机械式的方式,这不仅耗费了大量的时间和精力,长此以往,还可能对身体健康造成不良影响。更为严重的是,这种学习方法并没有带来学业水平的实质性提高。

因此,教师在教学过程中,有必要积极引导学生去探索和选择那些真正适合自己的学习方法。教师应该帮助学生理解和掌握各种学习策略,使他们能够更加高效地学习,从而学会如何学习。通过这样的引导和教育,学生不仅能够提高学习效率,还能

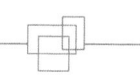

够在整个学习生涯中持续进步,最终实现自我发展和完善。

在学习领域,习惯的养成尤为重要,它体现在学生在面对学习任务时所采取的一贯方法和策略上。研究表明,学生的学习成绩与其学习习惯有着密切的联系。具体来说,学生的课前准备、课堂参与、课后复习以及元认知学习习惯,即对自己学习过程的认识和调控能力,都与学业成绩正相关。

鉴于中小学生正处于学习习惯形成的关键时期,教师在培养学生学习习惯方面扮演着至关重要的角色。教师需要引导学生养成以下几种习惯。首先是按照计划进行学习和活动的习惯,这有助于学生学会管理时间并提高效率。其次是独立学习的习惯,鼓励学生自主探究,培养其解决问题的能力。再次是爱思考、爱提问、善表达的习惯,这些习惯能够激发学生的好奇心和批判性思维。此外,阅读习惯的培养对于知识的积累和理解至关重要;记录整理的习惯能够帮助学生梳理知识点,加深记忆。最后,巩固复习的习惯是学习过程中不可或缺的一环,它有助于学生巩固所学知识,提高学习成效。

学校教育的核心宗旨在于培养人才,其深远的目标和本质不仅仅局限于知识的传授,更在于塑造学生的品德,实现立德树人的教育使命。教师不仅是知识的传递者,更是学生人生路上的引路人。他们需要通过精心的指导和建议,帮助学生在学习与生活之间找到一个平衡点,确保学生在追求学业成就的同时,也能够享受生活的多彩和个人兴趣的追求。

通过对当前学生状况的调查分析,不难发现学生面临着多种挑战。一部分学生过分重视学业成绩,将分数看作是衡量自我价值和发展的唯一尺度,这种单一的成功观念可能会限制他们的全面发展。另一部分学生则沉迷于兴趣爱好的发展,却忽视了学业的重要性,导致学习成绩不佳。还有一些学生在学习和生活之间难以取得平衡,常常使二者对立和冲突,这不仅影响了学习效果,也影响了生活质量。

针对这些情况,教师需要对学生提供有针对性的指导和支持。首先,教师应该帮助学生树立正确的成才观,让他们认识到个人价值和发展不应仅仅依赖于学业成绩,而是一个多元化的过程。其次,教师应当教导学生如何合理分配时间,既要保证学业的进度,也要留出时间来培养个人兴趣和社交活动,从而实现学习与生活的和谐统一。

第二节　学习动力激发

学习动力是学生在学习过程中产生的内在的、驱使其积极学习的力量和动力。它既是学习动机的体现,也是学习的核心推动力。[1] 学习动力可以分为内部学习动力和外部学习动力,学习动力影响着个体的学习态度、学习参与度和学习成效。近年来,不少学生缺乏学习动力,不知为何学习,学习没有目标,学习没自信的现象逐渐增多,因此需要班主任发挥育人智慧,激发学生不断学习和求知的内在动力。

一、升学初激发学业兴趣

罗素说:"我们在现代教育上的目标是将外部的约束减至最低程度,然而这就需要有内在的自制力。"激发学生学习的内动力是教育中非常重要的环节,我们要给学生装上一台发动机,让

---

[1] 周娟芬.论学习动机的激发与培养[J].解放军外语学院学报,1998(5):85-89.

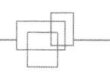

他拥有内动力;我们是"踩油门",不是"推轮子"。我们要让学生的学习有意思也有意义,有挑战也有可能,通过兴趣开启、任务驱动、目标激励和价值引领来激发学生学习和成长的内动力。

【情境案例】

四年级接班没多久,有位男生就给新班主任留下了非常深刻的印象:周末作业没完成,被科任老师叫到办公室补作业;上课时手不闲着,一会摸摸头发,一会摸摸下巴,从不拿笔;考前复习时,他似乎在认真看书,可课本从不翻页;老师找他谈话,他永远低着头,脸上没有任何表情。

【案例分析】

班主任中途接班,遇到这样类型的学生确实会感到不舒服。这种现象与学生在早期学习阶段产生学习动力不足有关,产生的原因可以着手从以下几个方面考量。

1. "三强三弱"特点明显

小学生具有明显的"三强三弱"特点,即可塑性强,自控力弱;模仿性强,鉴别力弱;上进心强,持久力弱。出现这一现象的原因在生活中很常见,可能是因为在学习初期学生没有形成良好的学习习惯,学习起来处处不顺手,时时有困难,所以难以在学习中获得成就感,对学习丧失兴趣;也可能是因为家长或其他教育者在学生学习的时候斥责、批评甚至动武,导致学生逃避学习,缺乏信心。这需要班主任进一步调查了解。

2. 规则意识严重缺乏

情境中的男生尚不清楚作为学生有认真完成作业、上课听讲的义务与责任。四年级处在小学的中段,是规则意识养成的重要时期。老师的要求是什么,班级的公约有哪些,课堂与课后应该做什么、怎么做都是小学中年级需要重点关注和培养的。

而且,四年级的学生已经养成了一些不良习惯,想要一下子进行扭转,不是容易的事情。班主任需要不断通过问题观察,来分析其规则意识淡薄背后的原因。

3. 师生关系出现对抗

四年级更换班主任,很大程度上与原班主任的管理能力和班级发展状况有关。在问题较多的班级里,该男生又成了比较突出的对象。该男生不太愿意与班主任进行沟通,可能是作为刚接手班级的班主任与学生并不熟悉,关系尚未建立,学生不愿意吐露心声;也有可能是因为之前该男生与教师沟通不畅,需求未能得到满足,或是学生本身性格较为内向导致。

有时候,学生会特别想给新接手的老师一个"下马威",试探和挑战新任班主任的底线,因此面对该男生的状况,班主任不需要过多地代入主观感受,而可以从多角度去观察和调查,了解男孩背后可能存在的问题原因。

【方法策略】

1. 调查了解,分析原因

从情境中可以看出,该男生不太愿意与老师进行交流,所以调查不宜单刀直入,而需要层层深入。首先,班主任可以与该男生较为要好的同伴进行沟通,以担心该名男生的现状为由向他的好朋友们进行求助,以希望能够帮助到情境中的男生为话题展开沟通,意图向学生借力,初步知晓原因。其次,与该男生的家长进行沟通,在沟通中了解男生的家庭环境、家庭生活及家长与孩子平时的沟通和教育方式。再次,班主任可以与该班级的上一任班主任进行沟通,从沟通中了解孩子一到三年级的成长历程;与班级科任教师进行沟通,了解学生在学业中的实际情

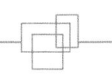

况,是否有遇到困难。最后,在平时生活中,通过观察法了解该男生的兴趣爱好,以兴趣爱好作为切入点,在逐步增进与该男生的关系后,再找准时机,选择学生较为舒适的状态,与其进行沟通,寻找现状原因。

2. 激发兴趣,正向评价

兴趣是最好的老师,学生天生是个学习者,表现在他们对什么都感兴趣、愿意探索。教育者的任务是发现他们的好奇心,保护并引导其好奇心的发展。通过前期的调查了解,结合该男生的兴趣爱好、特点特长,开展主题实践活动,在活动中发现学生的潜能,挖掘学生的潜力,激发学生进行自我教育,通过评价反馈,帮助学生体验到自己的力量,感到"我能行"。成功的体验能使人增强信心,克服自卑感,淡化挫折和失败带来的心理压力。其实每一位学生都很想好好学习,对于该男生暂时的不足、缺点和错误,要在批评的时候注意批评的方式方法,不用同一把尺子、同一个标准对所有的学生进行评价,要善于发现学生的闪光点,采取得体、鼓励性的正向评价。

3. 培养习惯,播种目标

除了让学生在自己感兴趣的活动中感到"我能行",作为班主任,还需要让学生在学业中真实感到"我确实能行",以此真正激发学生的学习动力。具体而言,要积极与班级科任教师进行沟通,寻找目前学生在学业学习过程中的难点,为帮助学生提高寻求具体的学习方法给予支持。聚焦当下、播种目标,首先明确学习是学生的义务,同时抓大放小,引导该名男生分析当下,张贴"愿望实现单",结合实际并有针对性地制订当下目标和努力方向。这个目标不是仅仅以提高学业成绩作为对象,也可以是增加认真听讲的时长、减少不交作业的次数,如果学生的目标达成,便取下"胜利果实",继续播种下一阶段的目标,帮助学生获得自我实现的需要。通过模仿游戏的设置,让学生将游戏的美好体验转移到学习中,在学生陷入学习瓶颈、信心受挫时,我们可以分解目标,刻意练习,及时鼓励、适时鼓励,进一步增强学生的学习动力。

4. 同伴协助,班级赋能

在班级中,可以开展"我相信我能行"的主题班会,邀请优秀学生上台进行经验分享,给予指导。采用对偶故事,让学生在情境中进行选择,助力发展,通过"结对子""找伙伴"的方式,引导学生互帮互助,提供支持。同时,班主任还可以在班级中搭建平台,进行环境营造,如"挑战式阅读书架""主题收纳系统""儿童设计师计划"等,为每一位学生营造自由创造、自主展示、自然交往的环境,进而通过集体教育,为班级学生赋能,提升动力。

5. 家校合作,激发动力

要想激发学生的学习动力,助力其成长,家庭教育必不可少,班主任有必要对家庭教育进行指导。首先,根据与家长沟通的情况,分析家庭生活中的积极因素与消极因素,并达成共识,主动避免后者对学生的影响。其次,激发学生内驱力,需要家长的正面语言,让孩子获得"无条件接纳的归属感"。当孩子在家长的引导下逐步踏入自主世界后,家长可以尝试给予孩子更充分的自主权,让孩子真正感受自主的益处。

【拓展延伸】

幼儿阶段、小学低年级、中年级阶段是学习打基础的时期,这个时期的学生刚刚进入学习生活,对于学习充满好奇心,所以教育者在该阶段应当保护好他们的好奇心,从兴趣入手,引导学生对于学习感兴趣,这一阶段的学习生活体验会对未来学生发展产生深远的影响。

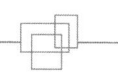

自我决定论认为,所有人都有三个最基本的心理需要,即归属感、自主感和成就感。当这些需要得到充分满足,孩子对于某件事的内在决定动机自然就提升了。因此,让孩子感觉到被关注、被理解、被认可,并能担负起责任,从而在面对新事物时可以对自己说"我能行",是激发学生学习动力的有效方式。

二、毕业季强化学业动力

毕业季是人生中重要的转折点,强化学生的学习动力至关重要。学生应明确目标,规划职业生涯;培养自律,养成良好的学习习惯;互动交流,寻找学习伙伴;调整心态,保持积极乐观。毕业季是一个重要的转折点,学生应该珍惜这个机会,通过强化学习动力和采取积极的行动,为未来的职业生涯打下坚实的基础。

【情境案例】

小钱同学即将升入初三,面对同班同学的勤奋好学,他无动于衷,认为读书读得再好也没有什么用,大学毕业后找不到工作的人比比皆是,还不如平时玩玩电脑游戏,课余打打篮球、发发微博;学习成绩差点也没关系,一年后考个技校,学好一门手艺,早点挣钱就是了。

【案例分析】

这是一个主要涉及学生消极对待学业,学习动力不足的案例。产生的原因可以着手从以下几个方面考量。

1. 从心理认知入手,分析其行为动机

情境中,小钱同学对学习的动力不足,可能源于对学习的价值认知偏差。他认为读书无用,这是典型的"读书无用论"思想,而忽略了教育在提升个人素养、拓宽视野、增强竞争力等方面的长远价值。他可能对自己的学习能力和未来前景缺乏信心,认为通过技校学习一门手艺是更实际的选择,这反映了他的自我效能感较低。

小钱即将升入初三,面对中考,分数成了唯一的目标,由于学业未达到自身期望,在学习上受挫,小钱缺乏成就感,进而对自己的现实情况有过低的认识,形成一种心理定式,认为自己不可能成功,所以采用"躺平"方式消极对待。

2. 情绪与行为管理水平处于较低位

小钱同学表现出处于一种消极、懈怠的情绪状态中,对学习缺乏热情和兴趣,更倾向于逃避学习责任,转向娱乐活动,如电脑游戏和篮球。他的行为模式表现为对学习任务的忽视和逃避,转向即时满足的娱乐活动,这不利于其长远发展。

学生进入青少年期,自我意识不断提升,会将原来的一般认识经过自己的分析,从而认定哪些对自己有意义、有价值,然后变成自己的追求。该学生未能正确认识学习的价值和努力的意义,所以认为读书读得再好也没用。

3. 生涯规划指导与家庭教育关注的缺少

小钱同学对职业路径的理解较为片面,认为去技校学习是唯一出路,忽略了高等教育的多样性和潜力。他的职业视野较窄,并不了解不同教育路径和职业发展的可能性,因此在设定短期和长期学习目标的过程中,就缺少强烈的内部动机。

小钱在成长过程中,其自我实现的需要未能满足,缺乏自我激励和"重要他人"的鼓励与要求,这些都会影响他的积极性。家庭教育或许没有给予他足够的精神滋养,觉得家里人对自己关心不够,更没有什么具体的期待与要求,这也进一步造成了小钱的发展目标设定低。

【方法策略】

分析了案例中小钱同学现状的内因和外因后,班主任有必要多方位整合教育资源,引导类似小钱这样的同学树立自信,明确方向,勇担责任,成为全力追求上进的人。因此,可以采用以下几种策略。

1. 识微知著,赏识引导

青少年自我形象的确立是受外界暗示的,如果我们常常赞赏他们,用微笑和欣赏的语气去鼓励他们,学生受这些积极暗示的影响,就会更加追求上进。针对小钱同学,班主任有必要从多方面渠道了解小钱同学的优缺点,抓住其闪光点,利用班会、家长会等交流平台,充分肯定,满足其自尊的需要。另一方面,让小钱感受到学习的意义和价值不仅仅是分数,也能利用所学知识指导实践作用于自己的生活。同时,可以利用平行教育理论,每日由学习委员摘录一段励志话语呈现在黑板上,为大家加油打气,也潜移默化地引导小钱为自己加油。

2. 小步慢行,步步为"赢"

根据最近发展区理论,要想让学生保持学习热情,激发学习动力,就要使其先确立一个自己可以实现但也稍微有些难度的小目标。例如选择合适时机,与小钱进行沟通,以分析未来的理想职业为话题,通过生涯规划,分析未来发展必要条件,进而逐步引导小钱将未来目标进行分解,分解到对应的小目标中去。面对当前的学业困境,班主任要和学生一起分析问题出在哪里,一点点把漏洞补上,一点点补基础,一点点进步,帮助小钱将信心找回来。

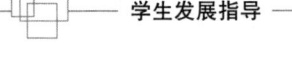

3. 长善救失，多方共助

面对小钱这类学生，不仅仅需要班主任，还需要充分调动家长、科任教师、班级成员、社会等多方面的力量，对教育对象进行全方位、立体式教育。初三阶段，班主任可以进一步丰富学生的学习生活，开展减压励志或学科性活动，深入讨论学习的价值与意义；邀请各行各业的家长走进班级，以自己的职业发展和生活经历，现身说法，引导学生了解求学对人生的意义以及社会发展需要真正的人才等；同时家长利用周末带孩子走入社会，进一步明晰未来的发展方向，从个人发展角度出发，激发学生学习动力；邀请高一级学校老师进入校园，介绍学校情况、入学要求及办学成果，引导学生进一步了解各级学校入学条件，对未来发展树立信心。

4. 因材施教，提供个性化学习指导方案

个性化教育策略是能够突出个体关怀的重要思路。班主任结合学生的兴趣爱好（如电脑游戏、篮球等），尝试将这些元素融入学习活动中，激发其学习兴趣，创造积极的成功体验。班主任应该联合家长，创造机会让学生在学习上获得成功的体验，逐步增强他的自信心和学习动力，从而持续激发他的自我价值感。

【拓展延伸】

生涯发展教育

遵循不同阶段学生发展的需要，生涯规划教育内容在不同阶段各有侧重。具体实施上，可以采取以下几点策略。

1. 创设生涯规划班级氛围

班主任需要在班级中积极创设职业生涯规划教育氛围，循序渐进地帮助学生建立自我激励的思想观念。一是用好班级文

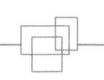

化墙、黑板报等宣传窗口,展示学生对个人青春规划的书写与讨论、对未来的构想等,以此融入生涯规划的细节中,提升认识,增强集体归属感。二是将那些能提高学生学习动力的宣传语融入班级环境中去,用进步书写成长,以便起到引导学生的目的。

2. 融入生涯规划课程内容

班主任将生涯发展教育融入传统的教学活动中,在学科教学目标的基础上设计与生涯发展有关的教学环节,促进学生将书本知识与现实生活相联系,通过单元整合和主题设计,引导学生发展生涯能力。还需将生涯发展教育融入综合实践活动课程中去,设计以生涯发展教育为主题的实践活动。

3. 开展生涯规划主题活动

班主任要充分利用好主题班会课,以班会课为阵地潜移默化地渗透职业生涯规划的相关知识,帮助学生实现自我成长。

三、瓶颈期增强学习信念

在学习过程中,每位学生都会遇到瓶颈期,这是成长过程中的一种正常现象。面对瓶颈期,学生如何增强学习信念,突破困境,成为激发学生学习内驱力的一个重要课题。面对困境,学生要坚定学习信念,勇敢突破,通过树立明确目标、培养学习兴趣、调整学习方法、寻求帮助和保持积极心态等措施,增强学习信念,助力自己走向成功。

【情境案例】

在最近几次考试中,成绩一向优秀的晓军连续受挫,精神不振。听班长说,晓军现在很脆弱,觉得自己不是读书的材料,完全不像以前一样意气风发了。

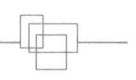

【案例分析】

常言道:"分分分,学生的命根。"几次考试分数不佳的情况,对学生是不小的打击。上述情境反映了晓军在面对学业挫折时出现的心理变化,这是典型的"习得性无助"现象,还结合了自我认知的负面调整。我们可以从以下几个方面进行分析。

1. 连续失利造成习得性无助

晓军过去成绩优秀,这也使得晓军在考试和分数方面对自己有较高的要求和自信心。但最近几次考试的连续失利可能让他开始质疑自己的学习能力,这种连续的负面反馈导致他形成一种心理状态,即认为自己无论如何努力都无法改变现状,从而产生了"习得性无助"。这种状态会让学生放弃尝试,因为其潜意识里已经认定努力是徒劳的。

2. 自我认知的负面调整

连续的挫败感使晓军的自我认知发生了显著的负面变化。他开始怀疑自己是否适合学习,甚至否定自己过去的努力和取得的成绩,这种自我贬低和消极的认知会进一步削弱他的学习动机和自信心。精神不振是晓军心理状态的外在表现,反映了他内心的焦虑、沮丧和失落。这种情绪状态不仅会影响他的学习效率,还可能波及其他方面,如社交活动和兴趣爱好,形成恶性循环。晓军面对学业成绩下滑受挫,未能合理归因,没有聚焦于具体问题上进行分析,而是仅以成绩结果作为评价,认为自己不是读书的材料,全盘否定自己。

3. 支持系统的重要性需进一步提高

晓军以往成绩优异,长期处在被褒奖、表扬的位置,内心充满成功喜悦的同时,也因此有较高的目标定位。当预期的目标受诸多因素制约而未能实现时,他强烈的自尊心会受到伤害,担心被别人瞧不起,很难悦纳自我,由自傲心理转化为自卑心理,造成人际交往障碍和应试能力下降。

班长观察到晓军的变化并表示关心,这说明社会支持在帮助晓军走出困境中扮演着重要角色。来自家人、朋友、老师和同学的支持与鼓励,能够为他提供情感上的慰藉和认知上的支持,帮助他重新评估自己的能力和价值。

【方法策略】

我们分析案例中晓军同学的状况可以发现,其实成绩较为优异的学生跟其他同学一样,内心与外部世界会发生巨大的冲突和碰撞,如果没有处理好,也是极有可能诱发心理问题的,需要引起我们的重视。针对晓军这类同学的情况,我们可以采取以下几点措施。

1. 接纳情绪,同理表达

班主任选择让学生感觉较为舒适的环境与其进行沟通,理解接纳其因为考试失利,产生挫败感的情绪。同时,班主任也要让学生意识到,人在成长过程中不可能是一帆风顺的,挫折是人成长过程中的常态,没有"常胜将军",挫折更是我们在原有基础上取得进步的契机,正确看待自己,全面认识自己的长处和不足,加以调整,才能成为更好的自己。

2. 坦然面对,合理归因

焦虑情绪的产生往往是由于未能将问题具体化。具体问题要具体分析,学业成绩的下降只是结果,结果具有一定的偶然性,但同时结果也具有它的指向性。班主任邀请班级科任教师,对学生近期的试卷进行分析,找到其在学科学习上的薄弱点,同时转达学科老师对他的期望。过往优异的学业成绩已经充分说明其学业能力,只要针对这些薄弱点制订有针对性的目标,并努力实现,通过实现"小目标"不断积累点滴的成就感,激发学习动力,就能重新建立信心。

3. 因材施教，关爱帮扶

成绩优异的学生也需要关爱。不要只关注学生的成绩而忽略了他们背后付出的努力以及承受的压力和烦恼。成绩优异只是学业维度的一个方面，班主任还需要关注他们的道德品质和心理健康，如成绩优异学生很少遭遇挫折，容易自高自大，过高评估自己的能力，这种心理会让其为偶尔几次考试失败而沮丧，从自我欣赏、自我陶醉转化为自我怀疑、自我怨恨，产生焦虑、恐惧心理等。针对这类学生特点，班主任可以请心理健康教师走进班级，进行心理团体辅导，引导学生正确看待自己。同时，班主任与家长进行沟通，关注孩子的心理健康，创设更加温馨的家庭环境，接纳孩子成绩下滑的现状，给予孩子更多的关爱和鼓励，减轻其学业压力。

4. 挫折教育，自信成长

同样面对考试失利的情境，有的学生能坦然面对、坚持不懈，没有产生过多的挫折感；有的学生却垂头丧气、一蹶不振，被挫折压垮。班主任应当引导学生正确看待挫折，挫折情境是客观存在的，但这一情境产生多大程度的挫折，每个人内心却是不一样的感受。当学生对挫折事件不能充分了解和认识时，就会产生不确定性和不可控性。因此，班主任需要帮助学生学会寻求信息支持，科学全面了解挫折事件信息，选择性获取真实、有效信息。同时，挫折反应是由学生对这些挫折事件的态度、看法、评价等认知引起的，学生应通过合理调控压力感受，学会认识和调控自身的不合理认知，避免因此放大挫折感。

【拓展延伸】

挫折驱动记忆

1. 允许学习者辨别失败

根据皮亚杰的认知发展理论和挫折驱动的记忆理论，学习者界定失败的条件是必须确定认知失衡,并将经验分类为偏离期望,在个体构建初始假设和失败参数之后,教师可从替代视角协商并重新定义成功与失败。一旦学习者明确了目标,就可以从其他角度识别出界定的小失败与目标相一致还是阻碍了目标的实现,以此作为提高认知灵活性的方法。

2. 在学习环境的设计中有意设置障碍

教师可将失败作为学习体验设计的一部分,这是改善心智模式的方法。基于失败的问题提示,教师在教学中可以嵌入额外的支持使学习者能够充分探索学到的经验和教训,也可要求学习者根据某个变量来确定具体的场景和效果,通过故意造成不太理想的解决方案,导致可控的小失败。

3. 支持生成更好的解决方案

教师可以在学习环境中提供讨论提示,以解决遭遇的失败并记录这些小失败的解决方案。同时,教师在学习环境中提供空间和时间给学习者讨论案例的失败及其主要问题的可迁移性。这样,学习者会识别和修改潜在的失败原因,并运用这些经验寻求更好的解决方案。

第三节 学习方法指导

戈登·德莱顿和珍妮特·沃斯在《学习的革命》中指出:"要创造性地解决问题,你必须开辟新的道路、寻找新的突破点、发现新的联系,你必须打破原有模式。"学习方法是发挥学习能力的手段,也是增进学习能力的途径。调查发现,许多学生在学习方法上存在着问题,如盲目照搬他人学习方法、方法并不适宜自己的学习需要;未能适应不同学段的学习要求,方法没有随着年

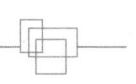

级的提高更新迭代,出现难以适应高一级学习的情况;以做题、刷题等形式进行学习,耗时耗力,影响身体健康且学业水平未见提高。因此,教师有必要指导学生钻研、选择适合自己的学习方法,引导学生运用学习策略,提高学习效率,学会学习。

一、营造学习氛围

家庭是孩子成长的摇篮,营造良好的家庭学习氛围,对于孩子的健康成长具有重要意义。家长要充分认识到家庭教育在孩子成长过程中的重要作用,树立正确的家庭教育观念,关注孩子的全面发展。家长应培养孩子独立思考能力,尊重孩子个性,关注孩子的兴趣爱好,尊重孩子的个性发展,让孩子在宽松的家庭氛围中自由探索。家长与孩子应该建立亲子沟通机制,譬如开展定期家庭会议、制订家庭公约等。总之,营造良好的家庭学习氛围,需要家长从观念、环境、沟通等多方面入手,让孩子在家庭中感受到关爱,享受到学习的乐趣,健康成长。

【情境案例】

晚上 10 点多,班上女生小 A 哭着拨打班主任电话求助:"妈妈说我作文写得不好,不让我睡觉……"原来,当晚检查作业时,小 A 的妈妈赵女士发现小 A 只写了 300 字左右。而老师明确要求:作文字数要在 600 字左右。赵女士要求女儿重写。小 A 提出抗议,母女间因此爆发矛盾。

【案例分析】

这个情境反映出小 A 同学在写作方法上亟须帮助,同时小 A 同学的妈妈也需要家庭教育的指导,从而树立正确的家庭作业观,切实有效地营造良好的家庭学习氛围。因此,我们可以从以下几个层面追溯原因。

1. 缺少有效学习方法和习惯的培养

小A在写作上缺乏一定的方法,可能本就不擅长写作,加上没有经过学科的系统训练,很难找到写作方面的乐趣与兴趣。当写作变成了一项任务,这就容易变得繁重而让人感到痛苦;面对矛盾冲突,小A未能与妈妈进行有效沟通,在一定程度上激化"矛盾"。小A作文字数不足的原因有很多,可能是时间管理不当、写作兴趣不高、写作技巧欠缺等,这些都与具体的学习方法和习惯有关,需要有效的指导。日常学习中,小A缺乏具体学法的指导和习惯的培养,在家完成作业时就很容易暴露出较多问题。

2. 家长焦虑情绪的背后是科学育儿理念的缺失

小A的妈妈从非教师专业视角看待孩子学习问题,很容易产生焦虑情绪。当小A写作遇到困难,妈妈仅以字数作为写作完成情况标准,要求小A重写,使得小A深陷写作的"泥沼"。小A妈妈将自己在辅导孩子学习中的无力感转化为压迫感和控制欲,这本身反映出家长科学育儿理念的缺失。家长空有关注孩子的心,却没有具体可行的办法。同时,小A的妈妈对孩子的学习要求是否处于合理期待的范畴,也需要全面了解与分析。

3. 课堂教学的机械评价造成事件恶化

从课堂学习效能的角度看,小A很显然并没有掌握写作该篇作文时的基本思路。教师在布置作业任务时,仅以字数作为作文写作的要求,忽视了对写作思路的必要引导,导致学困生写作拖延停滞。也不排除小A上课时走神等主观情况,需要进一步具体细致地分析。结合课堂学习情况和家庭作业完成情况,班主任需要进一步指导家长对小A的学习现状进行客观的分析,帮助孩子找到提升的行动点。

【方法策略】

班主任常在半夜接到学生或学生家长的求助电话。例如接到小A同学的求助电话后，班主任需要用"温和而坚定"的方式对家长和小A进行安抚与指导，尽量不影响其晚间的休息，为第二天进一步引导留出充分的空间。

1. 理解认可，抚慰情绪

小A同学电话求助老师，班主任作为学生的"重要他人"，要及时安抚学生情绪，以同理心理解接纳学生面对作文难题和重写要求的情绪。班主任与小A同学的妈妈进行沟通时，要引导家长树立正确的作业观；针对作文"困局"，从孩子角度出发，可以暂缓重写要求，肯定孩子的努力，已经晚上10点多了，一味要求重写也难以发挥作业的意义和价值，而且影响第二天的学习。建议等到第二天到校，请科任教师与孩子沟通，在教师指导下再进行重写。

2. 鼓励支持，树立信心

情境中小A的妈妈需要家庭教育的指导。父母懂方法，孩子才会高效学习。面对孩子的"写作困难"，作为班主任，可以及时与语文老师进行沟通，调查了解小A的写作思路中哪里卡住了，以及卡住的原因是什么；在家庭中，指导小A的妈妈当小A遇到"写作困难"时，要以理解和认可的态度鼓励孩子，并对已有写作内容中的亮点表达肯定，再针对作文主题内容，与小A一起探讨，营造和谐的家庭学习氛围，帮助小A拓展思路、发挥创造。

3. 拆分步骤，提供方法

学生面对较大较难目标时会产生畏难情绪，教师可以和学生一同分析，将目标进行分解，先完成简单的、可以看到初步成果的任务，从而确立信心，再完成一些难度不高、成果明显的任务，最后再逐步完成全部目标。班主任可以指导家长和孩子拆分可行步骤,循序渐进,先根据主题列提纲,再根据所列提纲搜寻素材,联系自己的生活,联想丰富内容,最后再撰写成文。在过程中,家长可以与孩子共同思考,表达欣赏,给予力量,让孩子时刻感受到来自家长的关爱和认可。

4. 适当停止,明日求助

时值半夜,如果熬夜完成作业,即便是达到了字数的要求,效率可能也不高,而且会影响到第二天的课堂学习。班主任可建议家长用长远的眼光看待这次写作反映出的学习问题,可果断停止,没写完或写不出来的部分,鼓励孩子第二天在学校向老师求助,这也是孩子承担责任的一种有效方式。后期班主任再持续跟进过程,以提高写作能力。

5. 拓展空间,营造氛围

当家长能起到良好的陪伴和榜样作用、营造良好的家庭学习氛围时,孩子也会不知不觉爱上学习,养成良好的学习习惯。针对情境中的写作,其实每位孩子都有表达的愿望,很多孩子写作不畅,原因在于生活经历不够丰富。作为家长,可以利用节假日时间陪伴孩子外出开阔眼界;通过榜样示范,进行家庭阅读,定期将阅读内容进行家庭微分享,培养孩子写作日记的习惯。作为班主任,可以在班级中定期开展读书活动,请学生上台分享书籍;在班级里设置阅读角,让学生感受文字的魅力;与科任教师形成合力,开展学科主题活动,如戏剧节、诗会等,进一步丰富学生的校园生活,激发学生的学习兴趣。

【拓展延伸】

打造家庭学习氛围

1. 树立科学家庭教育观念

班主任进一步加强家庭教育指导,尤其要引导家长树立科

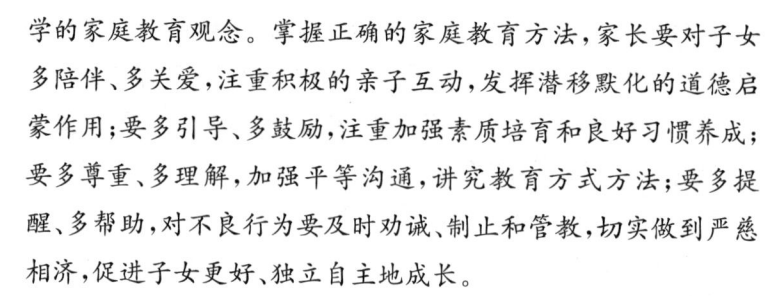

学的家庭教育观念。掌握正确的家庭教育方法,家长要对子女多陪伴、多关爱,注重积极的亲子互动,发挥潜移默化的道德启蒙作用;要多引导、多鼓励,注重加强素质培育和良好习惯养成;要多尊重、多理解,加强平等沟通,讲究教育方式方法;要多提醒、多帮助,对不良行为要及时劝诫、制止和管教,切实做到严慈相济,促进子女更好、独立自主地成长。

2. 创设良好家庭学习环境

家长要努力给孩子营造一个良好的学习环境,建构适合孩子学习和活动的场所。班主任要发挥孩子在家庭学习中的主体作用,引导家长通过与孩子协商、征询学校建议等方式,针对自己孩子的特点,制订家庭学习公约,公约内容包括在家学习时间安排、学习内容和各项学习任务的具体学习要求等。

3. 拓展丰富家庭学习内容

家长要进一步拓展丰富家庭学习内容,主动协同学校教育,引导子女体验社会。班主任要引导家长树立科学的成才观,根据年龄特点,开展家庭学习活动,丰富家庭学习生活。开展亲子阅读,父母与孩子共读一本书,定期交流读书心得,培养良好的阅读习惯;利用节假日和休息日等休闲时间,支持孩子开展户外活动和参观游览,在积极参加文明实践、社会劳动、文化艺术等实践活动中帮助孩子亲近自然、开阔眼界、增长见识、提升素质。

4. 培育构建家庭学习文化

班主任引导家长培育构建良好的家庭学习文化,发挥家长的榜样作用,整合家庭教育资源,主动创设支持孩子的家庭学习环境,树立家风。班主任可以定期邀请各行各业的家长走进班级,开展家长课堂,发挥榜样作用,在有效丰富学校课堂形式的同时,增进亲子关系。

二、关注"新起点效应"

新起点意味着新的挑战和机遇,如何在新的起点上运用正确的学习方法,提高学习效率,提升核心素养,成为许多学生和家长关心的问题。新起点下,掌握正确的学习方法、合理安排学习时间,保持良好的心态,是提高学习效率、成就未来的关键。

【情境案例】

下午上班时间刚到,小周的妈妈应约来到学校和班主任探讨关于小周的问题。班主任开门见山地对小周的妈妈说:"孩子进入初中后书写退步,作业正确率不高,课堂比较懒散……"听着听着家长坐不住了,插嘴道:"老师,你教他多久,你了解这个孩子吗?你知道他以前的情况吗?这个孩子小学时候挺优秀的……"班主任反击说:"我观察了近一个月,他就是这样的……"家长突然拍案而起,情绪激动地喊起来:"你可以问问他小学所有老师,他是个怎样的孩子,为什么偏偏在你手里才这么短的时间就改变这么大,你知道原因吗?因为他打心眼里讨厌你……"双方情绪都很激动。

【案例分析】

这个案例涉及家校沟通中的一个典型冲突场景,主要围绕孩子的学习表现、班主任对学生的观察与评价,以及家长对班主任工作的质疑与不满。具体而言,就是由于学生不适应初中学习而引发的家校矛盾的现象。通过对情境分析,我们可以从以下几个方面进行溯源。

1. 沟通初始阶段存在对抗性关系

班主任的沟通方式存在不妥。班主任在开始时直接列举了孩子的一系列问题,这种开门见山的方式虽然直接,但可能缺乏对学生个体差异和背景因素的考虑,容易让家长感到被指责,从而激起防御心理。家长在听到班主任的负面反馈后,立即产生了抵触情绪,并试图通过反驳和质疑来维护孩子的形象,这种反应是出于对孩子的爱护和对孩子能力的信任,但也可能导致沟通陷入僵局。

刚刚进入初中的学生,大部分都会存在习惯、方法等方面的衔接适应性问题,直接反馈问题很容易造成对话双方的情绪焦虑,不利于客观分析问题和解决问题。

2. 不良沟通持续加剧误解与冲突

家长和班主任之间缺乏相互理解,双方都没有充分倾听对方的观点。班主任未能理解家长对孩子过去表现的自豪和对现状的焦虑,而家长也未能理解班主任基于当前观察所做出的评价。家长与班主任之间存在评价标准的差异。这样的沟通就没有实现重要的第一步,即沟通目标一致,双方似乎都站在对方的对立面去陈述孩子的情况。

家长可能基于孩子小学时的优秀表现来评价孩子,以表现出"我的孩子其实很优秀",找寻内心的安全感;而班主任则根据孩子进入初中后的具体行为表象来评估,缺少了对学生持续性成长的全面关注与了解。这种评价标准的不一致导致了双方对孩子现状的不同看法。随着沟通的深入,双方的情绪逐渐升级,从最初的理性讨论转变为情绪化的争吵,这严重阻碍了问题的有效解决,也造成了沟通壁垒。

3. 对于初小衔接的知识了解甚少

初中与小学存在非常大的差异性,主要体现在孩子的认知、

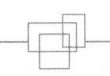

思维、身心发展、行为程度和价值观上。家长对孩子常常有一种"最熟悉的陌生人"的感觉,有时会突然一下子感觉到孩子不一样了。初中和小学相比,对学生自主学习的要求提高,学生逐渐迈入青春期,生理、心理发生显著变化;初中学业要求、学业内容、教师教学方式等发生变化,孩子会出现种种不适应的情况,导致学业表现有所下降,特别是分数值上很有可能出现大幅下滑。学生自我效能感降低,影响在校学习表现。

这些都是初小衔接段的必然问题,提前了解、做好充分准备,是家长和学校的共同课题,解决好了可以帮助孩子尽快适应角色调整和能力升级。

【方法策略】

面对情境中的初小衔接适应不良的情况,班主任在沟通和指导家长、孩子时要注意把握分寸,积极交流,把问题转化为成长的课题。

1. 心理疏导,正视不适应

学生从低一级的学习生活阶段转向高一级学习生活阶段,自己面临的实际环境与以往有差异甚至冲突,产生不适应的现象是正常的,班主任作为学生的"重要他人",有义务引导学生正视"不适应",分析原因,从"心"适应这些变化。

针对情境中的小周同学,班主任主动关心,调查了解他进入初中学习生活后在哪些方面产生不适应,如是新的学习环境、新同学新老师、新制度新要求还是新学习内容等,在了解过程中,增进情感,理性分析产生这样不适应情况是正常的,抚慰心理的不平衡,要基于现状调整自我定位,设置合理目标。

积极有效的"私聊"与关注在起始阶段尤为重要。既要让学生感受初中的要求提高了,也要让学生感受到班主任和家长在这个转折点对其的关心和帮助。

2. 借力同伴，走出不适应

在同伴互助中，当个体的身份被他人认同时，学生就会找到归属感，消除陌生感，从而更好地融入新阶段学习的环境中。班主任可以召开班队会或团建"破冰"活动，请学生进行自我介绍、小组游戏等。班主任适时向学生介绍初中学习生活的特点，也可以邀请往届学长学姐，现身说法，分享自己的学习经历，帮助学生积极适应。

特别是到了中学阶段，学生的同伴关系需求升级，他们更在意在同伴的眼中自己是一个怎样的人，能否得到同伴的认同和支持是他们在新的集体中最为关注的要素。每位学生在新环境中都有不适应，班主任巧妙运用学生性格、能力等方面的信息差，鼓励他们多互动交往，逐渐形成团队凝聚力，从而走出个体失落的阴影。

3. 家校协同，消除不适应

针对小周入学不适应的现象，班主任要及时和家长进行沟通，向家长了解孩子不适应背后的真实原因，并借力于家长，帮助小周化解不适应。家校协同的重要实践首先就是体现在班主任对家长在孩子入学衔接期的专业指导上。怎样赢得家长的信任、更好地携手家长关注孩子的成长，是班主任要多思考的问题。

班主任不妨制作初小衔接微课资料包（图文资料、视频资料均可），引导家长提前学习了解新阶段的学习特点，通过"家校信箱"畅通家校沟通渠道；进行家访，建立情感联结。面对家长的焦虑情绪，班主任应主动接纳、换位思考，在校园中拍摄孩子的学习生活照片，发送给家长，肯定孩子的进步与变化，帮助家长和孩子树立信心，以积极的心态面对变化。

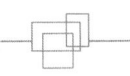

4. 学法指导，化解不适应

班主任要与科任教师携手，发挥科任教师的作用，对学生发展产生积极的影响。

班主任应积极联合科任教师形成班级育人共同体，多邀请科任教师走进班级，主动介绍初中的学科要求和学习方法，培养适应初中学习的学习习惯，还可以与科任教师一起设计学科活动，通过丰富的展示和评价，激发学生的学习兴趣。及时与科任教师进行沟通，了解班级学生的学习适应情况，有效地对尚未适应初中学习生活的学生进行关心和帮辅。

【拓展延伸】

不同学段的学法指导

1. 新起点下的学法指导需要启智润心

新起点下的学法指导，"心"适应是关键，需要班主任协同家校、科任教师力量对学生进行情感浸润，启智润心。学生进入新一阶段的学习，往往会自觉延续上一阶段的学习方法，对标上一阶段学习情况进行自我定位，所以面对新环境、新内容不能及时调整，产生不适感。作为班主任，可以通过制作班级信箱，搭建师生"心桥"，引导学生吐露心声；可以用肢体语言和幽默话语，以理解和包容的态度缓解学生的负面情绪，给予情感的支持；可以赋予具体任务，助力学生主动融入集体。

2. 新起点下的学法指导需要因材施教

每位学生面对新阶段学习的适应能力会有所不同，产生"不适应"的原因及相应表现也会有所区别。从具体原因上可以分为学习习惯问题、智力水平问题、人际交往问题、心理和情绪问题、对学校（班级）生活的适应性问题及其他社会问题等。从学段特点上,各学段具有共性特点和典型问题,如初小衔接由于习惯和环境变化,小中衔接由于学生自我意识不断提升,情感、情绪等方面容易波动,中高衔接表现为从被动学习向主动学习的转变。班主任需要根据不同年龄特点和背后原因,有针对性地通过集体教育与个别教育相结合的方式,指导学生完成过渡期的适应过程。

3. 新起点下的学法指导需要多方举措

学习适应性因素包括学习态度、学习方法、学习环境和身心健康。在帮助新生完成过渡期适应过程中,班主任需要整合多方面教育资源,群策群力发挥作用,利用问卷调查、个别访谈等,了解班级学生学习适应性情况;划定"零起跑线",让学生清楚认识到自己在班级中的位置,确立合适目标;科任教师提供学习方法,对学习适应性发展水平不良的学生,进行个别辅导;推送家庭教育知识,共同打造适应性家庭教育环境;参与班级建设,创造自我展现的舞台,组织互助性小组,提出共性问题等。

三、掌握"有效用功"

学习是一个长期而复杂的过程,提高学习效率是每位学习者都关心的问题。运用科学有效的方法,可以帮助学生提高学习效率,实现期许的目标。在学习过程中,班主任应引导学生注重方法的选择,保持良好的学习习惯,积极面对挑战,相信自己一定能够取得优异的成绩。譬如确定学习目标、合理安排时间、制订学习计划等,运用科学有效的方法,可以提高学习效率,使学生更快地掌握知识,实现目标。

【情境案例】

班上总有一些这样的学生:他们学习非常刻苦,终日书不离

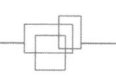

手,可是每次考试成绩都比较一般;在班上,他们一直默默无闻,似乎从来没有闪耀过夺目的光芒。

【案例分析】

这个情境反映出部分学生由于缺乏科学的学习方法,采用的学习方式比较低效,导致学习效率低,学业结果不理想。我们可以从以下几个层面追溯原因。

1. 打破舒适区,重新审视自身学法

学习不是一个靠时间取胜的工作,不是整日埋头死记硬背,记住知识点就能应对核心素养导向下的知识运用考察的。很多学生,看似非常努力,终日刻苦学习,实际上只是在记忆这一环节上付出了学习行为,而单靠记忆就能解决知识问题的时代早已过去,现在更加注重考查学生运用知识解决问题的能力。这些学生习惯于背书或刷题,已经形成了固有的学习模式,进入了一种惯性思维的学习舒适区。他们一直不敢迈出自己的舒适区,改变学习方法,用更主动的方式去迎接知识的挑战,而是为了避免挫折感和无助感,用低效努力来麻痹自己和屏蔽家长,这是他们在其现有认知能力下对自己利益最大化的考量。

2. 变单一评价为多元发展,打开学生眼界和格局

正如案例情境所言,很多学生老实听话,他们不犯错误,不违反纪律,日复一日埋头学习,似乎永远不用担心他们。在班级评价中,他们成了班主任心中"最放心的人"。

但事实上,他们也特别希望得到老师和同学的关注与认可。他们不会用犯错误的方式来吸引老师和同学的注意,但以学习和测试结果为导向的现实评价往往会导致这些学生的闪光点被忽视。班主任应改变班级评价方式,更多地发现普通学生身上的闪光点,帮助他们更好地生活在现实世界里,从低头做题到抬

头看天,他们的眼界和格局被打开了,学习的效能也会自然发生改变。这是一个奇妙而美好的过程。

3. 提升家庭教育指导,挖掘孩子的潜在能力

家长对于孩子学业的期望值较高,但是在学法指导上通常是采取"鼓励努力"式。家长过多强调努力的重要性,认为只要孩子多做题,甚至只需要"好好学习",其他事情都可以代劳。时间久了,孩子的学习兴趣磨平了,消极应对的方式变成了"温吞水"的状态,似乎没有了精气神。

而且,一味强调努力,就忽略了学习方法的科学性。学习不是疲劳战,而是眼耳口鼻身多种感官共同刺激下的信息加工,实验探究、亲身体验、观察与解析,都是提升学习效果的重要方式。所以学习一定要讲究效率,不能仅以外在表现、以学习时长作为衡量学习努力程度的标准。

【方法策略】

1. 挖掘动机,减少低效努力

尤里·格尼茨和约翰·李斯特在《隐性动机》一书中指出:"每个人的行为背后都有其隐性动机,每一个行为都是其现有认知能力下对自己利益最大化的考量。从随处可见的惩罚、奖励,到存在争议的歧视、慈善,都是如此。"情境中的部分学生学业结果与平时付出"努力"的不匹配性,学生是清楚的,但其仍然采用这样的方式进行低效学习,实质上是因为其不愿意走出舒适区,做出改变。这类学生通常没有非常明确的动机,所以行动力上是不足的,才会安于现状,沉浸在自我感动式的投入中。

班主任要寻找合适契机,与这些学生进行交流,肯定其付出的努力,先跟后带,让学生看到老师也很关注自己。在充分向学生表示肯定的同时,也要客观地引导学生分析自己努力过程与

结果的不一致原因,提高警觉。如果继续维持这样的学习方式,不仅不能取得满意的结果,而且影响身心的健康发展。

2. 科学方法,助力高效学习

学习是讲究科学性的,大脑的认知规律、脑科学在学科知识之中的运用都是根源性问题。比如我们常说的劳逸结合、寓教于乐,这些都是帮助学生从学会到会学的过程。引导学生转变学习方式,需要教师提供科学的学习方法,让学生在科学的学习方法指导下,切实感受到自身学业水平提升。

针对这部分学生,班主任要主动与科任教师进行沟通,对学生学业情况进行"把脉",找准努力方向;与学生进行沟通,利用象限法则,对时间进行合理规划,在重要的事上不遗余力,提升专注度、思考力,减少心理负担,注重劳逸结合。因材施教在学生个体学习指导方面具有重要的意义,班主任想要提升这部分学生的学习效率,就需要逐一"问诊",给出针对性强、科学性高的建议,而且要不断跟进。

3. 增值评价,树立学习信心

面对这部分学生,提升其自我效能感、树立信心是引导其愿意做出改变的关键。因此,在班级中,班主任要创设多维评价方式,以增值评价让进步有迹可循。

班主任通过对学习基础的分析明确学习起点,利用信息化手段,将学生学习过程中的各方面表现进行观察和记录,全面考查学生成长和发展情况,提供个性化的指导和支持;通过同伴互评、小组组评等方式,挖掘学生闪光点,帮助学生树立学习信心;通过及时反馈给家长,来进一步赢得家长的教育合力。

4. 理解意义,澄清学习价值

学习对每个人来说都是不断认识自己、认识世界的旅程,回顾学习的初心、澄清学习的价值与意义是十分有必要的。

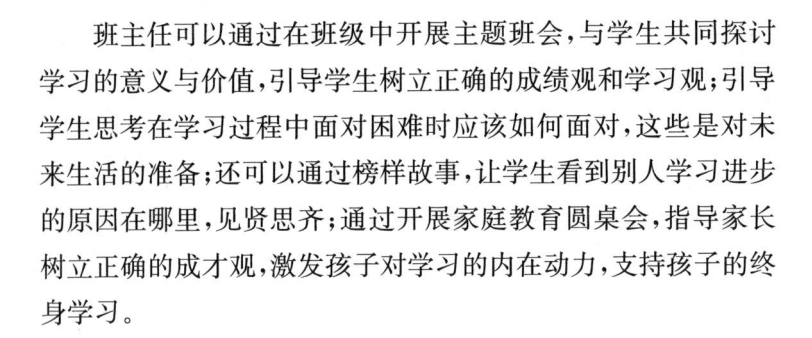

班主任可以通过在班级中开展主题班会,与学生共同探讨学习的意义与价值,引导学生树立正确的成绩观和学习观;引导学生思考在学习过程中面对困难时应该如何面对,这些是对未来生活的准备;还可以通过榜样故事,让学生看到别人学习进步的原因在哪里,见贤思齐;通过开展家庭教育圆桌会,指导家长树立正确的成才观,激发孩子对学习的内在动力,支持孩子的终身学习。

【拓展延伸】

如何高效学习

1. 学习动力激发

要让学习高效,激发学生的学习内驱力是关键。学习的主体是学生,只有当学生自己想要学习时,学习才有可能真正发生。作为班主任,要努力在提升学生的认知内驱力上下功夫,澄清学习的意义和价值,感悟人与自我、人与社会的关系,将个人成长与民族复兴大任相联结,提升视野,聚焦成长,让学习回归初心,让学生产生强烈而持久的学习内驱力。

2. 学习方式转变

授之以鱼,不如授之以渔。让学生学会学习,是提升其学业的重要方式。在学习过程中,要以学生为主体,让学生切实感受到自己在主动学习而不是被动接受。通过目标设定,班主任要帮助学生找到他内心认同的学习目标;通过时间管理,利用番茄钟作业法等方式引导学生合理科学地分配学习时间;通过介绍理解记忆法、规律记忆法、组块记忆法、费曼学习法等方式,调动学生的各种感官参与到学习过程中去,提升学习注意力。

3. 学习结构建构

学习是一个双向的过程,一方面,新知识纳入原有的认知结

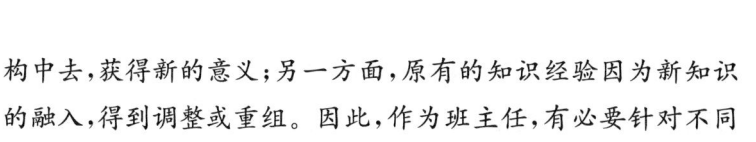

构中去,获得新的意义;另一方面,原有的知识经验因为新知识的融入,得到调整或重组。因此,作为班主任,有必要针对不同学科特点,组织学科学习活动,引导学生进行探究学习、合作学习和项目式学习,积累学习经验,把所学知识"讲出来""做出来""用出来"。

第四节　学习习惯培养

英国作家培根在谈到习惯时感叹:"习惯真是一种顽强而巨大的力量,它可以主宰人的一生,因此,人从幼年起就应该通过教育培养一种良好的习惯。"良好的学习习惯不仅是学习适应性的重要表现,而且是其终身学习品质的不可或缺的重要组成。[1]那么,如何增强学生的学习主动性? 良好作业习惯如何才能养成? 如何建设良好的班级学风? 这都需要班主任在实际工作中努力完成。

一、增强学习主动性

学习主动性是指学生形成了自主学习的意愿、兴趣或内在动机。具有学习主动性的学生会表现出对学习的偏好、喜欢,乐于学习。学习主动性强的学生,往往形成了对自己的学习负责的态度,有强烈的学习主人翁意识,理解到学习是不能依赖他人而需自己完成的工作。

---

[1] 申仁洪.学习习惯:概念、构成与生成[J].重庆师范大学学报(哲学社会科学版),2007(2):112-118.

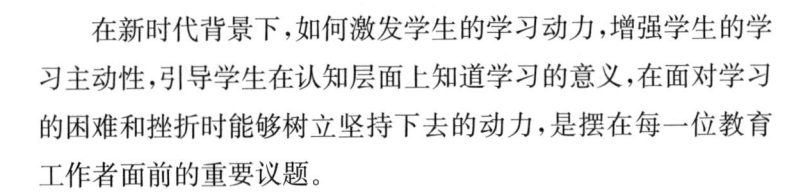

在新时代背景下,如何激发学生的学习动力,增强学生的学习主动性,引导学生在认知层面上知道学习的意义,在面对学习的困难和挫折时能够树立坚持下去的动力,是摆在每一位教育工作者面前的重要议题。

【情境案例】

小学四年级学生小刘,上学总是8点多钟才到,周一的升旗仪式时常赶不上,每天的晨诵也读不到几句,家庭作业也不能及时上交。小刘的妈妈向班主任反映:小刘每晚家庭作业都要拖拉到10点多才开始做,一遇到比较难的题目就依赖父母帮他解答,为此一家人都很苦恼,每晚都过得很揪心。

【案例分析】

四年级是一个敏感时期,学生经历了低年级向中年级的过渡,接下来还要衔接到高年级,因此作业的效率和良好作业习惯是非常重要的培养目标。这个情境反映出小刘的学习习惯存在较大问题,我们可以尝试从以下几个层面追溯原因。

1. 不良的作息习惯导致学习习惯的连带受损

学习习惯不单单是由学习引发的,很可能是学生在整个生活习惯中的一个影射。案例中,小刘上学拖拉、升旗迟到,这其实是时间观念与生活习惯不佳造成的;作业不及时上交,拖拖拉拉不完成,这也是生活中没有目标感,凡事推一步走一步的结果。

不良的生活习惯直接导致良好的学习习惯也无法培养起来,是一种连带受损的情况。为此,小刘的父母也一直在为孩子的学习苦恼。

2. 溺爱型的养育方式造成破窗效应

案例中小刘的家长一直默许了孩子的很多不良行为和习惯,到了受不了的地步时,才会"每晚过得很揪心",这就是一种溺爱孩子的表现。由于家长长期缺乏对孩子学习方法的得当指导和学习习惯的正确引导,导致学生深陷在"作业拖拉"的泥沼之中,到了四年级才想矫正,难度已经非常大了。

3. 家校共育不及时,导致教育信息不对等

从案例描述中看,小刘在校不能完全遵守学校行为标准和准则(比如迟到等),按理班主任早就应该联系家长了解情况、督促其改变了。可这次的沟通,恰恰是家长在家无法忍受后才与班主任进行的联系。以此推断,关于小刘的家校共育做得是不够好的,基本的信息不通畅,也给小刘找到了很多空子可钻。

【方法策略】

分析案例中小刘行为的内因和外因,班主任既需要对小刘进行相关行为习惯的指导,也需要与家长形成教育共识。因此,可以尝试四步走。

1. 巧妙谈心,破冰行动

班主任可与小刘共同解决一道难题,引导小刘参与到学习中来,并通过表扬、鼓励、反问,让小刘在获得成功体验的同时,自觉反思自己的问题,自主形成努力进步的意愿。这样的巧妙谈心,既是对小刘自我认知的破冰,也是让小刘对学习和学习习惯认知的破冰。

这样的破冰可以直接打破小刘现在的固有习惯和模式,叫停不良方式,为接下来的纠偏带来转机。只有小刘也意识到了自己的问题和有可能带来的后果,小刘才有可能及时改变,做出调整。

2. 巧育方法，学会改变

养成良好的习惯是学生成长过程中至关重要的一环。好习惯不仅可以培养学生的自律能力，还可以帮助学生形成积极向上的生活态度，对学生的生活、学习都会产生正面影响。

小学阶段的教育，难的不是从零开始培养好习惯，而是不断破除学生的坏习惯。因此，我们要善于抓住关键期。班主任可通过一日小结、一周总结、高效学习"六个本"（课本、作业本、笔记本、改错本、积累本、草稿本）展示互鉴等，帮助学生在这些日常琐事中发现自己的不良习惯并及时改正，在总结与互鉴中下定决心，改正不足。

在习惯养成教育中，如果只注重习惯的机械训练和简单要求，而忽略习惯背后的价值观教育，其效果会大打折扣甚至适得其反。因此，要始终致力于提升学生对良好习惯的理解力和执行力。养成良好的学习习惯，首先要让学生认识到学习的重要性，理解良好学习习惯的益处，让学生能从情感上主动接受，并在逐步养成的过程中入脑入心，最后外化于行，在实践中渗透到学生健康成长的全过程。

良好的集体环境会提高个体的自律程度，也能够实现卓有成效的他律。只有良好的集体认同才能让自律更充分，他律更及时。

3. 培育榜样，引导向上

学生的自我生长需求只有激发其自我努力的意愿，才能真正实现成长的跨越。榜样的力量是无穷的，榜样的示范作用是学生调控个体行为的重要精神来源。班主任要通过评价，积极树立班级典型和榜样示范，从小问题切入。

4. 巧用任务，成就自我

家长是孩子的第一任老师，学校与家长形成合力才能真正

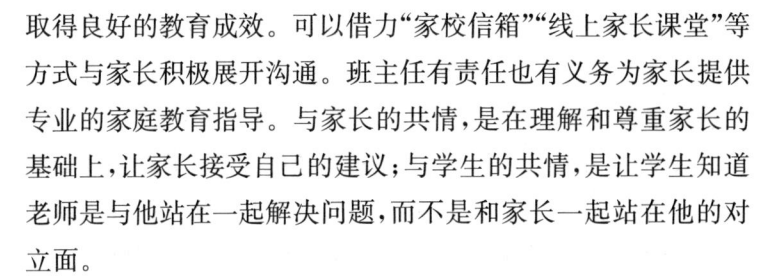

取得良好的教育成效。可以借力"家校信箱""线上家长课堂"等方式与家长积极展开沟通。班主任有责任也有义务为家长提供专业的家庭教育指导。与家长的共情,是在理解和尊重家长的基础上,让家长接受自己的建议;与学生的共情,是让学生知道老师是与他站在一起解决问题,而不是和家长一起站在他的对立面。

5. 理解学习意义,澄清价值

班主任可开设"良好学习习惯的重要性"主题班会,引导学生在班会的研讨中理解习惯就是经过重复练习而巩固下来的思维模式和行为方式。学习习惯就是在不间断的学习实践中养成的那种自然表现出来的学习上的习性;良好的学习习惯是一种自觉的学习行为,因而能提高学习效率。唯有养成良好的学习习惯,学生方能在以后的成长道路上有所收获。

【拓展延伸】

1. 方法层面

小学阶段是人一生成长的关键时期,在这一阶段养成良好的学习习惯会让学生受益一生,并为未来的发展打下坚实的基础。用加法培养好习惯,用减法克服坏习惯,多表扬,少批评,让学生不因坏习惯太多感到挫败,而要在养成良好习惯的过程中看到自己的点滴进步,不断增强信心和力量。

2. 资源层面

《教育部办公厅关于加强义务教育学校作业管理的通知》

二、养成良好作业习惯

作业是学习过程的重要环节,它可以帮助学生消化和巩固

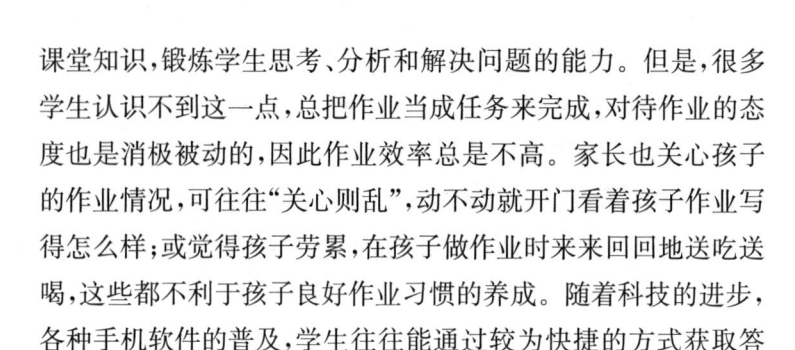

课堂知识,锻炼学生思考、分析和解决问题的能力。但是,很多学生认识不到这一点,总把作业当成任务来完成,对待作业的态度也是消极被动的,因此作业效率总是不高。家长也关心孩子的作业情况,可往往"关心则乱",动不动就开门看着孩子作业写得怎么样;或觉得孩子劳累,在孩子做作业时来回回地送吃送喝,这些都不利于孩子良好作业习惯的养成。随着科技的进步,各种手机软件的普及,学生往往能通过较为快捷的方式获取答案,进而更加忽略了作业意义和价值,难以养成良好的作业习惯。

【情境案例】

有学生向班主任反应:小王、小刘、小明建立了QQ群,每天分工做不同的题目,然后把解题过程与答案传到QQ群里,大家相互传抄。班主任找来了这三位学生询问情况,小王说:"每天的家庭作业很多,经常要做到十一二点,分工做的话,每天我能早睡两小时。爸爸妈妈也知道的,他们都同意的。"

【案例分析】

作业问题一直是困扰一线班主任的现实难题。研究好作业问题的情境,对我们自身的工作具有很大的现实意义。这个情境反映出班级学生学习习惯和对于作业的认知存在一定问题,家长对孩子的家庭教育也存在问题。我们可以尝试从以下几个层面追溯原因。

1. 厘清作业的价值,做好学生的观念纠偏

在此情境中,抄作业的学生本身并没有对作业的价值有深入的了解。他们更多的是将作业当作一种负担,为了完成老师交代的作业任务,所以分工合作,加快作业完成时间,这看起来

是一个性价比很高的事情。

实际上，作业的价值丰富。对学生而言，作业是巩固和提升知识的内化与运用；对教师而言，作业是反馈教学的有效抓手。因此，只有帮助学生理解了作业的意义，才不会出现为了应付差事而糊弄作业、分工抄袭作业的情况。

2. 集体教育有缺失，班级形成不良风气

小王、小刘、小明建立 QQ 群抄作业的事情也许并非班级中的个例，或者说班级里其他同学很可能也知道他们建群抄作业的行为，因此班主任必须敏感地意识到这很可能已在班级内形成不良风气，如果不及时管教到位，就会造成更多的同学用各式各样的方法来抄作业的现象。

3. 家校共管有分歧，教育方向不一致

现实中有不少家长在孩子作业辅导方面感到无奈。他们也希望孩子能够按时、独立、高效地完成作业，但往往因为习惯、能力、亲子关系等多方面原因，家长缺乏对孩子学习方法的得当指导和学习习惯的正确引导，导致学生没有正确认识到写作业的作用。

学校方面，学科老师可能只关注自己学科的作业量，没有考虑一个班级的总作业量，致使学生作业量太大，来不及完成。单看老师们的出发点是好的，但是综合起来对学生就成了一种负担和压力。

【方法策略】

分析案例中学生行为的内因和外因，班主任既需要对班级学生进行相关行为习惯、学习习惯的指导，也需要与家长形成教育共识。因此，可以尝试以下策略。

1. 深度调研，了解情况

班主任应该向科任教师和班里不同学习程度的学生了解作业量情况，如果作业量确实过多，可与科任教师座谈，协商减量，或布置限时作业。同时，安排学生专管记录每天作业量与所需时间，然后反馈给班主任，班主任据此采取相应措施。

2. 换位思考，理解学生

面对学习压力，班主任和家长要引导学生用正确的心态面对。如果一些学生是因为学习能力较低而未完成作业，可建议科任教师布置分层作业；也可建立学习互助小组，引导学生寻求同伴帮助；在家可以通过电话或网络向科任教师求助。如果传抄作业是因为学习态度不端正，那么班主任应该进行目标理想教育，可以进行个别交流，可以开设相关主题班会，引导学生明确认真完成作业的作用与意义，也可多方助力——教师、家长、同学、亲友等，形成教育合力。

换位思考可教会学生如何合理看待作业、理解作业的价值。通过分层实施，教师可以加强对学生个体的作业辅导，帮助他们减少作业障碍，这样学生能高质量完成作业，也就不需要依靠抄作业和搜答案来应付老师了。

3. 家校沟通，形成合力

家长是家庭作业的监督人，孩子在家学习和完成作业也要遵循一定的规则和原则，比如独立、限时等。班主任应该与家长沟通，帮助家长明确和承担起自己的责任和义务，对孩子的不良行为坚决叫停，不得纵容。

4. 智媒时代，加强媒介素养教育

进入智能媒体时代，伴随媒介生态环境的颠覆性变化，青少年与媒介的关系在技术驱动下的赋权和参与的大背景下日益密切，在深度渗透中，风险与机遇并存。案例中学生自主建立了

QQ 群,但是却没有正确认识和运用 QQ 群的功能。做作业时遇到难题,在 QQ 群相互交流是可以的,大家可以分享自己的思路、讲解自己的看法,帮助彼此理解题目、领会知识,真正用好网络。

【拓展延伸】

如何进行作业设计

1. 建章立规,作业管理有章可循

学校重视作业管理,组织教师认真学习作业管理的相关政策,深刻领会政策精神实质,出台学校层面作业的管理办法,建立作业公示制度,为教师设计和布置作业提供基本制度保障。

2. 控制总量,布置作业科学合理

根据国家标准控制作业时长,由"基础性作业+拓展性作业"构成的作业清单,既控制书面作业总量,又关注学生个体差异,增强作业的层次性、适应性和可选择性,满足不同学生的需求。

3. 创新思路,作业设计有料有趣

提质增效是作业管理的核心要义。教师可以结合学生特点,对作业设计进行探索和创新,各学科引导学生从生活入手,积极开展趣味作业,真正让学生"在学中玩,在玩中学"。让作业形式丰富多彩,不仅有书面作业,还有思维导图、科学实验、读书报告会、自编故事、辩论赛、体育锻炼、艺术作业、模型制作、科学探究、做家务、背诵、朗读等口头或实践作业。

4. 尝试实践,引导学生学会生活

作业设计强调以生活情境为依托,把所学知识融入生活情境,体现作业的综合性、实践性,既彰显知识的价值,又为校园生活增色,还可以提高学生解决问题的能力。例如,教师可以借助

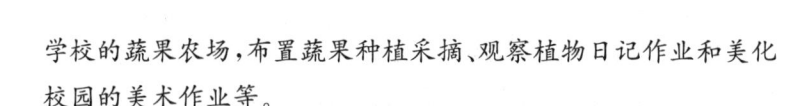

学校的蔬果农场,布置蔬果种植采摘、观察植物日记作业和美化校园的美术作业等。

三、建立浓厚班级学风

学风是班风的缩影,班风引领学风的方向,学风建设既是班级管理的重要任务,也是班级文化建设的重要内容。学风是学生集体或个人在学习过程中表现出来的,带有普遍性、倾向性、稳定性的态度、行为和作风。[①] 班级学风是在班主任的引领之下,所有班级成员经过长期努力形成的。班级学风一旦形成,就会成为一种稳定的集体风气,对班级所有成员形成无形的约束力,使班级成员在思想与行为上与之保持一致性,也会在班级内形成无形的教育力量,对每一位学生起到熏陶和感染的作用。

班主任应营造良好的学习氛围,让学生自觉融入自主学习。班主任要使学生处在积极的学习气氛中,使其拥有良好的学习心境,充分满足不同层次学生的需求;注意班级文化、校园文化建设,文化是最好的教育,最生动的课程,可以营造出积极有效的学习氛围。当班主任不在,学生学习依然有序进行,一定是文化在起作用。如果说制度解决的是学生学习能够走多快,那么文化解决的就是学生学习能够走多远。

【情境案例】

最近,英语老师向班主任抱怨"你班学生纪律差,听课不认真,作业完成也很马虎",班主任多次教育学生要认真听课、完成作业,可效果不明显。有的学生反映"英语课上老师有时自己都

---

① 黄正平.关于加强学风建设的几点思考[J].中国德育,2011,6(4):14-16.

讲错了""还把我的作业改错了",等等。

【案例分析】

　　这个情境反映出班级学生同英语科任教师之间存在一定误解与矛盾,同时这也是一个由班级常规管理缺失、班主任管理班级方法不得当,导致师生关系之间产生矛盾的问题。我们可以尝试从以下几个层面追溯原因。

　　1. 教学基本功不扎实,造成教师的专业认可度低

　　这个问题虽然主要体现在学生的不良表现上,但经过班主任的了解,英语老师自身很明显也存在教学基本功不扎实或者是教学态度不端正的情况,这是学生对老师有意见的重要原因。

　　如果想改变学生的想法和做法,英语老师在教学的态度和能力水平上要先做出调整,让学生看到教师的责任感和专业精神。

　　2. 班级管理松散,学生对待课堂缺少应有的敬畏感

　　学生公然不遵守课堂纪律,上课不认真听讲且作业马虎,而且班主任也多次教育,但效果不佳,这说明班级管理上出现了较大问题,班主任对学生的教育管理力度不够,学生没有敬畏感,随意性太强。

【方法策略】

　　1. 全方面了解,找出问题根源

　　班主任是班级目标实现的管理者、组织者、协调者,在学生全面健康成长过程中起着导师的作用。班主任要联系和帮助科任教师了解班级和学生,共同商讨本班的教育、教学工作,互通情况,协调各种活动和课业负担。班主任应向班级各科老师了解具体情况,了解类似现象在其他学科的课堂上是否也存在。

如果存在，要明确是全班同学还是班级部分同学或者个别同学，是偶尔一两次还是多次。找到问题的源头，才好对症下药。班主任再向班级学生进行调查了解，确认问题根源。

2. 点对点沟通，对症下药

确认问题根源后，班主任要主动找到科任教师进行沟通，然后将学生的一些想法委婉地转达，看学生反映的情况是否属实，再和科任教师一起思考如何去解决应对学生后续可能会发生的情况，联合各科老师一起进行班级常规的监督工作，形成班级教育共同体，提升教育合力。

3. 自我反思与提升，从根本上进行转变

班主任要不断提升专业素养、增加专业知识，在应对各种事件或突发情况中能够选择合理、科学、恰当的方式方法进行处理。对于班级学生，班主任可借助主题班会或班级活动等时间，进行关于"敬畏课堂"的主题教育，让学生从思想上发生改变。

4. 教管结合，民主管理

班级民主管理是班主任在进行班级管理时最有效的方式之一。班级民主管理的实质是在班级管理的过程中，调动学生自我教育的力量，使人人都积极主动地参与班级事务。班主任要积极发挥学生的主体作用，及时采纳学生的正确意见，接受学生的监督，努力创造一种民主气氛，为学生行使民主权利提供机会、创造条件。班主任对学生既要坚持正面引导、耐心教育，又要凭借必要的规则制度要求学生、约束其行为，实行严格教育管理。

总之，班主任要协调好科任教师与班级学生的关系，科任教师也要与班主任共同协作，促进教学任务的完成和教学效果的优化。

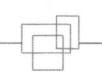

【拓展延伸】

一个班级的良性发展和班级学生的健康全面成长，需要班主任与科任教师团队做好配合，建立相互尊重、互相配合的工作关系，从而形成班级教育的合力。

第一，当面欣赏，不吝赞美。不要吝啬自己的赞美，特别是在背后赞美科任教师，利于班级团队建设，说明这个班的教师团结互助。

第二，保证纪律，促进成长。科任教师管不住学生，学生的纪律不好，不要立刻责怪他。班主任需要帮助科任教师，如设立学科纪律委员，班主任跟进管理，让科任教师能够安心上课。

第三，关注身心，满足需求。科任教师生病请假了，多关心对方的身体状况，可以帮忙上一下他们的课，让科任教师感受到班主任的体贴与关爱。

第四，学生面前给教师立威。抓住科任教师闪光点，在全班公开称赞，让学生喜欢科任教师、欣赏科任教师。

第五，家长面前给教师助力。当家长提出科任教师的问题时，班主任应该支持科任教师，并且帮助科任教师解决一些班级问题。

第六，开班科会和科任教师共谋。在平时，班主任与各科任教师之间交流的机会不是很多，这势必会给班级发展带来不利的影响。为了更好地解决该问题，班主任可以在每次考试的成绩分析会后召开班科会，在会前做好充分准备，对班级接下来一段时间的工作重心进行安排。班科会的召开为班主任与科任教师的交流搭建了一个很好的平台，班级团队可以对班级问题进行共谋，提出更有针对性的方案。

第五节　学习与生活

义务教育质量事关亿万少年儿童健康成长,事关国家发展,事关民族未来。为实现学习与生活之间的平衡,班主任应引导家长根据孩子的能力和情况制订具体的计划,既能够帮助孩子不忘作为学生的本职,又能够让孩子积极拥抱多元化的生活,享受快乐与成长。

一、协调集体活动与个人学习间的关系

集体活动是在班主任或学校教师的指导或帮助下由学生参与的各种活动项目的总称。集体活动旨在通过精心设计、组织开展主题明确、内容丰富、形式多样、吸引力强的教育活动,以鲜明正确的价值导向引导学生,以积极向上的力量激励学生,促进学生形成良好的思想品德和行为习惯。然而,许多学生难以平衡学业与集体活动,家长并不明晰集体活动的意义和价值,导致两者"对立",难以发挥集体活动的育人价值。

【情境案例】

五年级的小韩是一位成绩优秀、活泼开朗的女孩,在学校开设的击剑体育特色课程中的表现更是"鹤立鸡群",于是被老师选为校队成员,每星期定期参加集训活动。可是在两个月后的测验中,小韩的学习成绩一落千丈,她的父母觉得是击剑训练影响了她的学业,便找到了班主任,除了要求小韩退出击剑队,还以五年级即将面临升学为由,要求老师同时撤除她的班干部工作。

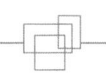

【案例分析】

本案例中,学生因为参加击剑训练而影响了文化课学习。体育兴趣与日常学习间的关系如何把控,需要班主任多动脑筋。

1. 家长的育儿理念不全面

个人兴趣与学业之间的关系究竟如何把控,一直以来都是一个没有准确答案的问题。

在家长的观念中,孩子的学习是第一位的,片面且功利化地追求分数使得很多家长不允许也不接受孩子的课余时间有非学习类的活动。其实,体育对于学生的大脑发育也有极大的好处,身心健康对于一个人的可持续发展具有积极作用。

2. 不合理的归因分析,造成多方焦虑和恐慌

正确归因是一个人是否能通过反思不断成长的重要条件。小韩的父母将孩子成绩的退步归因为训练、担任班委等外部原因,而没有真正和孩子沟通了解过内部的原因,导致家长、学生都进入一种焦虑和恐慌的状态。

【方法策略】

1. 及时与小韩沟通,听取真实想法

(场景预设)班主任:"小韩同学,你在学校的击剑特色班表现出色,教练说你是'鹤立鸡群',在体育方面有天赋、有潜力,我听了也非常高兴。现在,你能说说自己的真实想法吗?……你真心喜欢击剑运动吗?"(预设:喜欢或者一般。)

班主任:"参加击剑运动,影响了你的学习吗?"(预设:影响到了,因为训练后很疲劳,没有精力再复习功课了。)

班主任:"最近这次考试,你的学习成绩明显下滑,能否说说主要原因是什么?"(预设:没有好好复习。)

班主任:"在老师看来,目前你在处理兴趣与学习的关系方

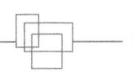

面还缺少经验。如果只顾兴趣爱好而影响了学习,甚至荒废学业,这对一名学生来说是得不偿失的,你说对吗?"(预设:默认。)

班主任:"那么,在不影响学习的前提下,你可以做怎样的改变?"(预设:合理安排时间,注意劳逸结合。)

2. 与家长沟通,排解对方烦恼

班主任与小韩的妈妈一起探讨:当孩子的兴趣遇上学习时,如何帮助她协调两者的关系?

(场景预设)首先请小韩的妈妈谈谈自己的想法。小韩的妈妈认为:"每个人的时间、精力都是有限的,孩子参加击剑训练,过度透支体力,虽然退出击剑队,孩子不情愿,但是有时回到家后作业又做不完,只想休息。马上要升学考试了,孩子学业繁忙,有舍才有得。五年级是小学的非常时期,样样都得花精力,所以就不必在乎这兴趣了,而且班干部也不要做了。"

3. 针对家长的内心独白,班主任的回应

(场景预设)班主任:"小韩妈妈,您的心情我理解。学习是学生的主要任务,但孩子的成长不仅仅是靠这几门功课的学习,而应该在德智体美劳各方面得到全面发展,这样才能成为人格健全的人。兴趣与学业的关系,需要辩证地看。孩子参加击剑运动,不仅是为了强身健体,更可以培养不屈不挠的精神。孩子如能把这种精神迁移到学习上,那就更是好事。"

班主任:"现在,孩子在处理兴趣与学习的关系方面出了问题,家长要做的不是简单地'堵',而应是正确地引导。只要孩子爱学、愿意学,家长和老师就应该支持。如果一味地为了学习成绩而剥夺了孩子的兴趣爱好,那么其结果一定不是我们所期望的。很多时候,适切的支持,而不是强迫,才能让孩子有信心、勇气和力量去坚持做好一件事。"

4. 帮助小韩制订学习与训练计划

班主任上门家访，家校协同努力教育引导小韩。小韩也认识到了自己的不足，找出成绩下滑的真正原因，并通过老师和家长的引导与帮助，制订了一份比较详细的学习与训练计划。在实施中，小韩逐步养成合理分配时间的习惯，不仅积极参加击剑训练，而且也有充分的时间投入学习。

【拓展延伸】

尊重教育，其核心就是基于学生的身心特点，尊重其人格和权利、兴趣和个性，从而培养学生的创新精神和实践能力，使他们富有生活的勇气、向上的热情、创造的激情和社会责任感。

基于培养适应社会发展需要的人的目标，班主任要与学生家长互相配合，共同承担教育责任。班主任在与家长的沟通中给予家长正确的家教指导，形成合力，助力孩子的健康成长。

二、合理安排课余时间

课余时间是指在规定的课程结束后自由安排的私人时间。随着《关于进一步减轻义务教育阶段学生作业负担和校外培训负担的意见》的实施，学生课余生活如何安排的问题就显得尤为重要。学生习惯在课后时间写作业或是上辅导班，面对突然空出的自由支配的时间增多，反而不知所措起来。长时间的"被安排"使得学生对课余时间产生误解，也缺乏了对课余时间合理分配的策略和方法。家长面对变化，也产生不适应甚至是焦虑情绪。如何引导学生合理安排课余时间、支持学生成长，是当下的重要议题。

【情境案例】

国家"双减"政策的出台与落实,让不少父母拍手叫好,孩子终于可以减轻负担了。但有一部分家长发出了另一种声音,孩子作业少了,周末真的无课可补了,一些孩子有点无所事事。因此,学生的"自由时间"如何安排,让一些家长产生烦恼和焦虑,怕这样下去会影响孩子的学习成绩。小王的妈妈在班级微信群里提出适当增加学生作业量的要求,得到一些家长的认同。

【案例分析】

1. 对国家政策的片面理解,造成家长恐慌

2021年7月,中共中央办公厅、国务院办公厅印发《关于进一步减轻义务教育阶段学生作业负担和校外培训负担的意见》,提出"双减":减轻义务教育阶段学生作业负担、减轻校外培训负担。家长没能全面理解国家政策的背景、内涵和作用,片面地理解为减少作业、减少学习时长,因此认为这是在"减少"孩子的未来,所以很恐慌。

2. 对孩子的有效引导欠缺,寄希望于教师布置任务

不少家长因为自身没有有效引导孩子丰富课余生活和统筹课外学习的能力,当孩子时间增多了,对自主学习的习惯和要求进一步加强,家长就更加手足无措了。以往,孩子还能多做一些教师布置的作业和任务,现在孩子可以打着"双减"的旗号,拒绝多余的任务,家长明显感觉到自己对孩子的掌控感降低,所以家长就寄希望于教师多给孩子压担子。

【方法策略】

中共中央办公厅、国务院办公厅印发了《关于进一步减轻义务教育阶段学生作业负担和校外培训负担的意见》,在校内方

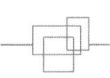

面,利于学校教育教学质量和服务水平进一步提升,作业布置更加科学合理,学校课后服务基本满足学生需要,学生学习更好回归校园;在校外方面,助推校外培训机构培训行为全面规范,学科类校外培训各种乱象基本消除,校外培训热度逐步降温。

1. "自由时间"满足学生个性化需求

教师应利用课后服务时间在学校指导学生完成作业或补习辅导答疑等,开展丰富多彩的科普、文体、艺术、劳动、阅读、兴趣小组及社团活动。

班主任可以与学生沟通,了解平时作业完成的情况。做好学生做完作业后的引导,告诉学生可以阅读、做手工、运动、做家务等,这些均可以提升自己的综合素质;了解周末计划,建议学生和家长多走出去,增加亲子时光,还可以做一些公益性实践。

能够掌握"自由时间"的学生,才是真正开启了自主管理能力的学生,对课内、课外进行统筹安排,学会取舍,加强自控力,都是在这个阶段学习起来的。

2. 家长思想的转变

政策出台后,部分家长商议着如何转为"地下"继续"攒班"补习。家长个人选择无可厚非,但是也要注意中央文件中的一条政策——"深化高中招生改革",其中把综合素质提到了突出地位,而且要依靠不同科目特点完善考试方式和成绩呈现方式。换句话说,随着国家政策逐步落地,目前这套培训方式对未来升学的有效性将大大降低。牺牲掉孩子提升其他素质的时间去搞补习,还不一定用得上,得不偿失。

班主任也应积极与家长沟通,让家长知晓"双减"政策,明白作业是对所学知识的巩固,增加作业量不一定能提高孩子学习的质量。引导家长明白孩子应当德智体美劳全面发展,引导孩子多阅读,多参加实践活动。每天下午和周末可以参加学校的社团活动,做到真正减轻学生负担,使学生全面发展。

3. 提升学生综合素养

最近几年,国家密集出台了关于教育评价改革和思想政治、体育美育、劳动教育等系列文件,明确了未来的人才是什么样的。作为真正对孩子负责任的家长和教师,不能再认为给孩子多报班、多做作业就是尽责任,而要真正参与到德智体美劳全面发展的育人事业中,这才是需要孩子、家长、教师全力以赴的事情。

【拓展延伸】

1. 亲子阅读

家长可以陪伴孩子阅读,在旁边看自己的书,或者跟孩子同读一本书;还可以组织家庭读书会,定期进行阅读分享。

2. 共赏优秀的影视作品

让孩子在观影的过程中拓宽视野,引导孩子树立正确的价值观。

3. 帮助孩子发展兴趣爱好

培养孩子的生活情趣乃至意志品质。

4. 提高孩子的劳动技能

和孩子一起清洁房间、整理物品,指导孩子一周学会做一道菜或一种点心,让孩子体验到劳动的乐趣,同时感受到自己的价值和家庭的归属感。

5. 开展体育运动

一边陪伴,一边交流,孩子的健康体魄、运动技能、个性品质都在潜移默化中养成。

6. 建设学习型家庭

陪伴孩子养成良好的学习习惯,例如,养成孩子课后复习的习惯。家长可以让孩子把当天的学习内容复述一遍,或者把课堂笔记看一看,然后以思维导图的方式进行知识建构和巩固知识,达到温故而知新的效果。

三、树立科学成才观念

培养什么人、怎样培养人、为谁培养人是教育的根本问题。"唯分是从"的做法,导致学生的学习生活越发单调,升学负担日益沉重,学习兴趣下降,缺乏对生活的意义感,甚至导致身心健康出现危机。树立科学成才观,需要学校、家庭、社会的密切协作,营造正确教育价值导向,凝聚协同育人合力,从而助力学生的健康成长。

【情境案例】

在晓婷看来,"万般皆下品,唯有读书高"。她是一位学习非常刻苦的学生,可是,她也有不少"缺点":体育课能请假就请假,躲在教室里看书;集体活动基本不会参加,班上同学参加比赛,她也不会去给同学加油。久而久之,她没有什么朋友。

【案例分析】

这是一个学生不具备科学成才观的典型案例。究其原因,可能是家长或家庭对孩子有着"重智轻德"不正确的引导。

1. 评价单一,错把好学生窄化为学习好的学生

《家庭教育促进法》中有多条强调,培养孩子要先注重道德品质的培养,要先成人再成才。在理念上,家长知道该如何培养孩子,但充满功利性。在行动上,家长死死盯住孩子的成绩不放,把学习跟将来的谋生脱钩,只重视分数和名次,却不考虑将

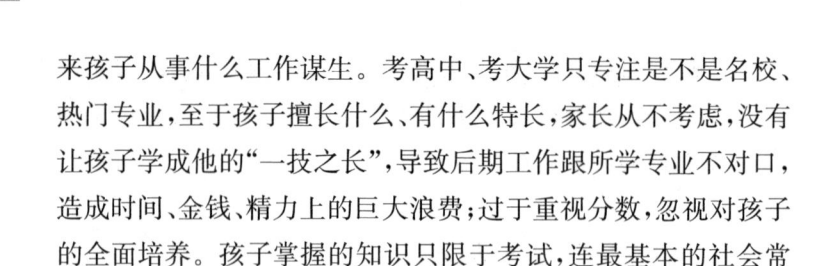

来孩子从事什么工作谋生。考高中、考大学只专注是不是名校、热门专业,至于孩子擅长什么、有什么特长,家长从不考虑,没有让孩子学成他的"一技之长",导致后期工作跟所学专业不对口,造成时间、金钱、精力上的巨大浪费;过于重视分数,忽视对孩子的全面培养。孩子掌握的知识只限于考试,连最基本的社会常识都不知道。

2. 脱离集体生活,造成人际交往困难

中小学生有着很强烈的同伴效应,他们会很在意同伴对自己的评价,也会因为同伴的想法来调整自己的言行举止,特别在意好朋友眼中的自己是什么样的。

案例中的晓婷却显得与众不同。在本该和同学一起玩耍的年龄,她却形单影只,看似是只顾专心学习,实质上她也是遇到了人际交往的现实困难。因为长期脱离集体生活,从而不知道如何与同学相处,所以也只能埋头学习,基本与外界隔绝。

【方法策略】

思想上,家长要树立正确的成才观。相信"人人有才,才才不同"。让孩子做最好的自己就是成才,而不是让孩子模仿别人、做别人。行动上,家长要跟孩子一起结交室外天地、室内乐趣两个朋友,培养孩子具备"才""德"两种功夫,帮孩子插上自由自主探索创新、宽严适度教育方式的两个翅膀。面对这样的情况,班主任可采取以下几步措施。

1. "自己人"效应,拉近师生距离

所谓"自己人",是指学生把班主任与他归于某一方面属于同一类型的人。要使学生接受班主任的观点、态度,班主任要同对方保持同体观的关系,即要把对方与自己视为一体。"自己人效应"是指对"自己人"所说的话更信赖、更容易接受。

上述案例中，针对晓婷学习刻苦努力的情况，班主任可以以肯定开启彼此的交流，充分肯定晓婷对待学习的认真态度，让晓婷理解班主任是和自己站在一条线上的同盟者，是认同她、欣赏她、理解她的人。当师生距离拉近，下一步的交流与沟通就会更容易开展。

2. 指出问题，帮助树立正确成才观

班主任应告知学生正确的成才观。首先，不以分数论"英雄"。"分数"不是"成才"的唯一标准，"成才"的第一要素是珍爱生命。其次，行行可以出状元。现代社会的多元价值取向决定了"成才"有多种方式、多种路径。凡是诚实劳动，凭自身一技之长，成为一个为社会创造财富的人，都是人才。

3. 借助科任教师力量，协同家校共助力

班主任与科任教师、家长密切沟通，发现学生的独特价值，发掘其潜力，帮助学生进行有效的人生规划，明确人生目标；根据学生的个性特长，引导其找到最适合自己的学习方法，享受学习的乐趣；培养学生终身学习的意识和能力，把长期的职业生涯同时作为学习生涯，不断突破自我；指导学生学会反思，学会坚持，从反思中发现自我，在坚持中完善自我，为最终的"成才"奠定基础；引导学生"家事国事天下事，事事关心"，支持其处理好自我与社会的关系，养成现代公民所必须遵守和履行的道德准则和行为规范，帮助其增强社会责任感，为国家、为民族、为人类的共同利益而奋斗，成为有理想信念、敢于担当的人。

青少年时期是人生观、价值观形成的关键时期，也是为将来的"成才"奠定心理能量的重要时期。班主任要着力于激发学生对于生命的热情，着力于"成才"的核心素养的培育，这样才能使之走得更稳、更长远。

后　记

　　青少年阶段是人生的"拔节孕穗期",是一个人世界观、人生观、价值观打底塑形的重要时期。这一时期学生的心智逐渐健全,思维活跃,朝气蓬勃,蕴含着巨大希望。班主任作为青少年学生成长中的"重要他人",对学生的成长影响非常大,他们是中小学生社会化过程中极具影响力的指导者与陪伴者。在班主任的带班育人工作中,如果说"育人"是班主任的价值坐标,那么切实做好"学生发展指导"就是回答"培养什么人、怎样培养人、为谁培养人"的本真实践与责任担当。

　　学生发展指导工作,既指向未来,也需回归初心。我们为了能与更多志同道合、对班主任工作始终报以热忱的教育同仁共同探讨中小学生发展指导的实践做法,积极筹备并切实推进了本书的撰写工作。一方面,我们试图从理论层面追溯中小学生身心发展过程的内在原理,以期更好地把握规律,提升班主任工作的科学性;另一方面,我们集长三角中小学班主任基本功大赛以及我们带班育人工作中的代表性教育情境,以案例解析的形式呈现,祈望更好地针对具体现象提高班主任工作的智慧性,凸显学生立场,最终指向学生的全面发展。

　　本书总共四章,第一章聚焦中小学生的思想引导工作,在厘清思想引导目标及内容的基础上,针对各学段的典型教育情境,探讨如何坚定理想和信念、澄清价值与观念、修炼道德及品质、

后 记

养成良好行为习惯这四个维度的实践方法；第二章指向中小学生的生活指导工作，在梳理生活指导目标及内容的前提下，针对各学段典型教育情境，探讨如何倡导健康生活、调整生活状态、调节人际交往、关注生命安全这四项内容的实践策略；第三章围绕中小学生的心理疏导工作，在厘清心理疏导目标及内容的基础上，针对各学段的典型教育情境，探讨如何处理应激事件、调和人际冲突、提升网络素养、关注易感学生这四个方面的具体方法；第四章突出中小学生的学业辅导工作，在梳理学业辅导目标及内容的基础上，针对各学段的典型教育情境，探讨学习动力激发、学习方法指导、学习习惯培养、学习与生活这四项内容的实践方法。我们关注并研究学生的思想引导、生活指导、心理疏导以及学业辅导，是对学生成长需要的回应，是激发学生生命活力与创造力的有效途径，也是班主任带班育人工作的重要内容。

为了加强本书内容的针对性，回应更多班主任带班育人工作中"愁、急、难"的困惑，在每个章节中都根据具体内容设置，按照小、初、高学段的学情特征，聚焦不同的教育情境进行具体撰写。这些情境一部分来自长三角地区中小学班主任基本功大赛情境模拟的真题，另一部分来自一线班主任常态工作中的典型案例，都具有较强的代表性和普遍性。同时，为了提升本书内容的实效性，助力更多教育同仁加强理论结合实践的能力，本书四个章节都围绕各自板块主题，在梳理各板块目标与内容的基础上，再进行具体的情境撰写。全书的情境按照"情境案例—案例分析—方法策略—拓展延伸"的思路，从聚焦"这一个"到面对"这一类"，既指向学生的个体发展，又体现基于全体、面向未来的带班育人工作，较好地呈现了在考虑个体差异的前提下如何发展好全体的教育观。

本书由金晶、沈磊负责编著，承担各章写作的人员具体如下：顾婵、汪晓薇编写第一章,聂黎萍、卢婧编写第二章,王诚俊、沈磊编写第三章,陈语、吴涛编写第四章。这些教师大多都是参加历届长三角地区中小学班主任基本功大赛的选手,常年从事班主任实践及研究工作。他们不仅是优秀的赛事选手,更是长期以来对班主任工作充满"赤子"情怀,努力常思常新、常新常进的耕耘者。因此,本书的呈现都源于生动具体的带班育人实践,希望这些"活泼泼"的实践智慧能够为更多的教师带去新鲜的启发。

本书的出版得到了南京师范大学出版社的大力支持,得到了南京师范大学齐学红教授的精心指导,得到了南京市玄武区教师发展中心副校长张红的充分支持,得到了很多优秀班主任同仁的智慧启发。在此,一并深表谢意!

最后,由于我们水平有限,再加上时间仓促,本书难免存在一些不足之处,恳请广大读者朋友批评指正。

金 晶

2024 年 11 月